仕事ができる人ほど大切にしたいこと
「食べ方」を美しく整える

食の総合コンサルタント
小倉朋子

実務教育出版

はじめに

和食人気が海外でも定着し、今やニューヨークでは箸を正しく持てることはエグゼクティブとしての指標の1つだそうです。ハリウッドスターも同様の価値観を持っているとか。ある大物政治家の箸使いが下手、美人女優の食べ方が美しくないなど、「食べ方」について話題になったりすることがよくあります。

なぜ、「食べ方」は世界中で気にされているのでしょうか？

それは、食べることが唯一〝人に見られて〟社会性を映し出す本能だからです。また、生命維持のためだけでなく、文化、アート、知識、経済、政治、環境、コミュニケーション…多角的な要素も関係します。

飢餓環境下で地面に落ちたおにぎりをそのまま食べても、それは決して醜い食べ方とは言えません。お腹いっぱい食べることが目的だった昭和の高度経済成長時代、ご飯茶碗を掻き込んで食べてもマナー違反ではありません。それでもご飯を一粒も残すこともなく、家族と分け合っていたはずです。ある意味では、現代よりも美しい食べ方であったと思います。美しい食べ方は時代とともに変わるのです。

現代の日本では、食べ方にはある意味でパフォーマンスの要素も加わっています。「私はこういう食べ方をする人です」という表現でもあるのです。

また、食べ方はメンタルとも結びつき、その人自身を表すものと見られます。お腹の出た太めの体型が〝社長らしい〟という時代もありましたが、今では自己コンディションを保てない無頓着な食べ方をする人だと思われてしまいます。

「お里が知れる」という言葉があります。「お里」は自分で選ぶことができません。自分ではどうにもならないことで人をジャッジするのは大嫌いですが、お里は変えられずとも、自分をブラッシュアップすることはいくらでも何歳になってもできます。するかしないかが、その人の価値観や生き方につながります。

「食べ方は、人生や生活習慣、人柄までも映し出す鏡」なのです。

誰しも例外なく、生きる限りは毎日食べます。**食べ方を美しく整えることは自己パフォーマンスを上げるだけでなく、自分自身を大切にし、人生を豊かに整える根幹で**

す。

多忙な皆様の食事が、一回でも多く、人生によりよいものになりますよう、本書が少しでもお役に立てたら、これほど嬉しいことはありません。

2016年11月

小倉朋子

目次

第2章 一流のビジネスパーソンが身につけるべき「食事七則」

第3章 一流のビジネスパーソンとして知っておきたい「食」の教養

第4章 一流のビジネスパーソンとしての「食」の姿勢

装丁：西垂水敦（ｋｒｒａｎ）
装丁写真：Sung-il Kim/TongRo Images/Getty Images
ＤＴＰ・デザイン：ＩＳＳＨＩＫＩ
イラスト：小松聖二

第1章
あなたの「食べ癖」から見えてくるもの

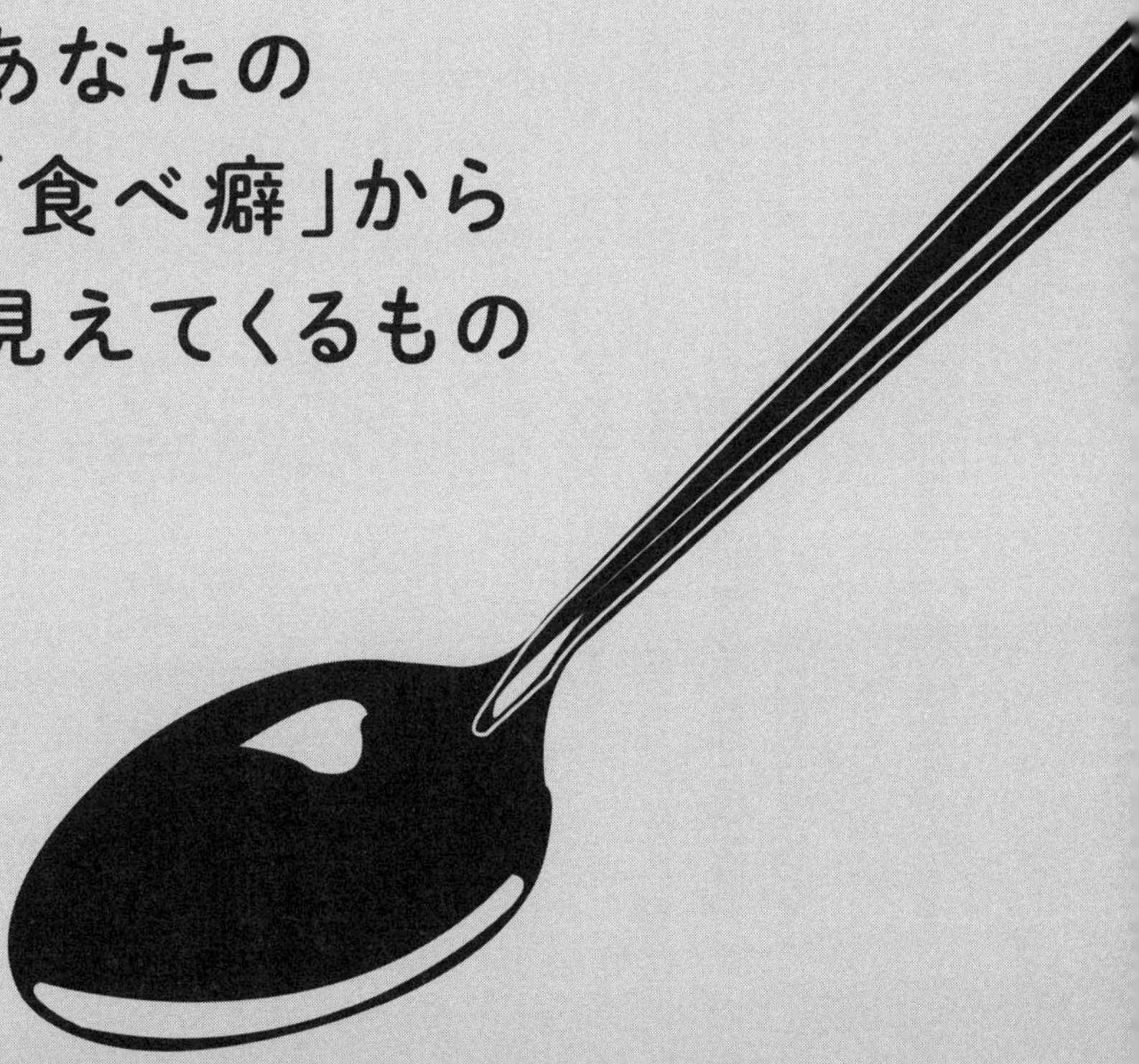

仕事はできるけど、「ペチャペチャ」「ガツガツ」食べる人

●無意識にまわりをガッカリさせてしまう食べ方

「仕事に対して熱心」などの好印象を持っていた人と、ビジネスランチや接待の会食などをともにしてみて幻滅したことはないでしょうか？　もしかしたら、あなた自身も気づかずに誰かをガッカリさせているかもしれません。

メディアや民間企業などによる「デートで相手に幻滅した行為は何か？」といったアンケートで必ず上位に入る回答が、「食べ方が汚いこと」です。自分のことはさておき、相手の食べ方は気になるものです。**特に女性がダントツで嫌いなのが、男性の〝食べる時の音〟。**本人は全く自覚していないケースがほとんどですので、いい人ならなおさらもったいないですね。

例えば、食べる時の「ペチャペチャ」音は、唇を開けたり閉めたりすることで自然に出る音です。唇や歯並びの形状によっては防げない人もいますが、大半の人は唇を閉じたまま咀嚼《そしゃく》することで簡単に解決できます。ちなみに、ガムを噛む時の「クチャクチャ」音も、唇を閉じればほぼ解決します。

相手をガッカリさせるのは音だけではありません。特に男性に多いでしょうが、ガツガツした食べ方も失望させてしまうことがあります。具体的には、どんぶりでご飯を掻き込んで口に入れる仕草や、平皿にわずかに残った料理を箸で掻き集める仕草が〝ガツガツ感〟を与えます。

「そんなこと言われても、男はそれくらい豪快な方がいいんだよ」と思う方もいるでしょう。確かに「ガツガツ食べること」に対する見解は、男女でかなり温度差があります。ですが、目の前で掻き込んで食べている女性を見て、「元気がよくていいね〜」と思う男性はかなり少数でしょう。むしろ幻滅する人の方が多いと思います。一方で、男性は同性にはかなり寛容です。「男なら元気にいっぱい食べてほしい」なんていう一部の女性の意見に甘んじていることも少なくありません。

そもそも混同されがちですが、「ガツガツ食べる」と「豪快に食べる」は明らかに違います。確かに、分厚いハンバーガーのように豪快に口を開けて食べた方が楽しめる料理もあります。それでも、しっかり噛み切ったり、必要ならばナイフとフォークを使うなど、きっちり手順に沿って食べることが大切です。

そう、「ガツガツ食べること」が嫌に思えてしまうのは、食べる手順に手抜きの印象があるからなのです。きちっと手順を踏めば流れに沿ってキレイに食べられるのに、なんとなく食べ始めて最後はまとめて一気に掻き込んでしまうと、大雑把でいい加減な印象を与えてしまいます。

食べる前に少しだけでも目の前の食べ物をしっかり見て、食べ方を頭でシミュレーションしてみてください。たった10秒で大丈夫です。どんなに時間がなくても、10秒くらいなら捻出できるはずです。そのわずかな時間で、その料理はあなた自身のものになります。手順を何も考えずにさっさと食べようとする人は、仕事に追いかけられているのではないでしょうか。

●悪い食べ癖を直せば、まわりの反応も変わる！

「ペチャペチャ」「ガツガツ」な食べ方に共通しているのは、周囲の目を意識していないことです。食べ癖は本人が自覚していないことがほとんどな上に、デリケートなことなのでまわりからもなかなか指摘されにくいもの。家族でもなければ言いにくいので、本人は気がつかないままとなってしまうわけです。

しかし、自分で意識しさえすれば直せます。直らないのは、食べ癖を意識する境遇にいないとアピールしているようなものです。「奥様は気づかないのだろうか？」「ちゃんとした躾《しつけ》はされなかったのだろうか？」などと勘繰られるのはもったいないですし、ナンセンスです。その気になれば、すぐに直せるのですから。

私の長年の経験上、こういった食べ癖の人は大らかだったり、優しく温和だったり、いわゆる〝いい人〟が多くいらっしゃいました。とはいえ、ご自身の食べ方を意識して少し整えてみてはどうでしょうか。そうすると、会食相手との会話もいっそう弾んで目標に近づいたり、よい出会いに恵まれたり、商談がまとまったりなど、不思議なほど環境が変わってくるはずです。これまでの「いい人」という評価に、「素敵な人」という評価も加わることでしょう。

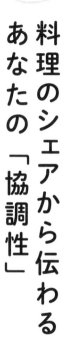

料理のシェアから伝わる
あなたの「協調性」

●現代人が苦手な食事のシェア

近年、忘年会や新年会などの職場飲みで不人気とされる料理の1つが、鍋です。鍋料理という理由で、出席を拒む若手社員も珍しくないとか。「同じ釜の飯を食う」という言葉もあるように、日本人は同じものを食べることで腹を割って話せる近しい関係になると考えてきました。考え方は基本的に世界共通で、西洋でも食事をともにすると商談がまとまりやすいようです。

しかし、最近の日本人は食べ物を他人とシェアしたり、譲り合ったりするのが急速に苦手になっていると感じます。個別包装が基本のコンビニ商品、好きな物を各々が頼めるファストフード、グラム単位や一個単位から買えるデパ地下の惣菜やデリカテッセンなどが定着し、誰かとシェアする機会も減っています。さらに、核家族化、単身赴任や独身者の増加など生活パターンも多様化し、家族間で食べ物をシェアする経験が乏しい人も珍しくありません。

にもかかわらず、外食では料理をシェアする機会は多いもの。カジュアルなイタリアンでも、居酒屋でも、ビストロでもシェアしますし、中国料理も大皿をシェアして1人ずつ取り分けますし、鍋料理は冬の社内飲み会の定番です。

●シェア料理から垣間見える「協調性」「気配り」

人と料理をシェアすると、食べ癖がたちまち露見するものです。**目の前の大皿料理は自分専用ではないので、「協調性」が問われます。**例えばターンテーブルで中国料理をシェアする時、最初は主賓から取り分けるのが正式マナーです。その後、目の前に大皿が回ってきたら、すぐに自分の分を取って次に回します。話に夢中だったりビールを飲んだりしていたら、隣の人が取り分けられません。ちなみに、ターンテーブルは右回りが原則です。それを無視して我先に取ろうと反対に回すと、ほかの人が料理を取れなくなってしまいます。

また、全員に均等に行き渡るように、自分の分を取るのは意外に難しいもの。私は、大皿が運ばれたら1人何個になるか瞬時に計算します。「蟹脚の揚げ物」や「北京ダック」などは数えやすいのですが、計算しにくいメニューもあります。例えば、「ブロッコリーと牛肉の黒味噌炒め」では牛肉2〜3枚とブロッコリー3房程度、大海老チリソースでは1人2尾（小海老で3尾くらい）が目安です。取り皿に6割程度盛りつけるくらいが、全員に行き渡る量の目安になります。

一巡目で全部取り切るのではなく、少なめに取って大皿に残るくらいがベスト。そうすれば、もう少し食べたい人がいても、二巡目でおかわりすることができます。「ブロッコリーと牛肉の黒味噌炒め」を無頓着に取り分ける人がいたら、取ろうとしても肉がなくて細かい粉のようなブロッコリーが数個残っているだけ、なんてことにもなりかねません。

躾が垣間見える鍋料理

シェアする料理の中で最も面倒なのが「鍋」でしょう。鍋奉行という言葉が存在するように、**鍋にはこだわりのある人が多く、育ってきた家の習慣がそのまま「食べ方」に表れるものです。**そのため、他人と鍋を囲むのに抵抗のある人が増えたのかもしれません。その人の〝素〟が見えてしまう料理なのです。

以前、仕事関係の接待で鍋料理が出た時のことです。最初はみなさん取り箸を用いていたのですが、お酒も進んで雰囲気が和やかになると、ある人が直箸《じかばし》で取り始めました。リラックスされて日頃の食べ方が出たのでしょうが、酔ってまわりへの配慮がなくなる姿はとても素敵には見えませんでした。まさに、親しい仲にも礼儀ありです。

また、「あなたがよそうと、あまり美味しそうに見えない」と言われたことはないでしょうか？　取り分けは、鍋のミニバージョンをイメージすることがポイントです。ほかにも遠い席の人は、「代わりに取ってください」とは自らお願いしにくいものです。もし鍋の近くにいたら、こちらから「取りましょうか？」と言える気配りもあるといいですね。心遣いのあるシェアができる人は、様々な意味で「スマート」な人に見えるでしょう。

「とりあえずビール」を見直そう

●「とりあえずビール」の功罪

私が社会人になりたての頃は、会合や接待では「とりあえずビール！」が常識でした。アルコールが苦手でもビールが嫌いでも、「そんなこと言わずに一杯だけ」と言われたら、「イヤです」という選択肢はほとんどありませんでした。「本当は飲めるんだろう？」などと、今だったらアルコールハラスメントになりかねないことも普通に言われたものです。飲めない人は、さぞ気を遣われたことでしょう。

その一方で、「とりあえずビール」は日本人らしさが漂う素敵な慣習だったとも言えます。自分の好みはある程度我慢して一杯目はみんなで同じものを飲もうよ、という「同じ釜の飯を食う」感覚です。協調性がよしとされた時代に、すぐ乾杯するためには合理的でした。

しかし、バブルがはじけてから、年々「とりあえずビール」は減少していきました。最近の若者は、最初から自分の飲みたいものを注文することが普通です。大学生などの飲み会でクリームソーダを注文するのが流行ったこともあるほどです。飲めない人にしたら、アルコールに無駄なお金を使いたくないのでしょう。昭和世代からすればなんだか寂しい気もしますが、海外では飲みたいものを注文するのは当たり前です。

日本では今でも多くの会合や立食パーティー、レセプションでは、まずビール瓶で注ぎ合いながら乾杯用のグラスを作ることが主流です。まだまだ「とりあえずビール」は健在ということでしょう。

●大人のドリンクオーダー術

ビールは、どんな料理にもダントツで合わせやすいお酒です。各国の料理が味わえる日本では、ビールは特に重宝されています。比較的コストが抑えられ、シャンパンのように食欲をそそる炭酸が入っていて、アルコール度数も高くありません。最初の一杯として無難です。

気をつけたいのは、ほかの人が飲み物をまだ決めていないのに、メニューも見ずに「とりあえず生ね」と先にオーダーしてしまうことです。その人はきっとどのお店に行っても一杯目はビールと決まっているのでしょうが、ほかの人は早く注文を決めなくてはと焦ってしまいます。**「とりあえずビール」は無意識に相手を急かしてしまう行為なのです。**

そもそも、**メニューをしっかり読むことは飲食店に対する客側のエチケットです。**みなさんがもし営業職なら、新規顧客が自社商品のパンフレットやチラシを全く見てくれないと少なからず気落ちするでしょう。飲食店にとって、メニューは単なる商品一覧ではありません。言わばお店の顔で、コンセプトやPRしたい要素が詰まっているのです。ちゃんと目を通すのも客のマナーです。

よく取材で、「フレンチレストランでビールを頼むのは邪道ですか？」と質問されることがあります。もちろんメニューに載っているならオーダーしても問題ありません。ただ、料理とドリンクには相性があり、特にワインは料理とのマリアージュが活きる飲み物です。ずっとビールだけよりは、二杯目から料理と同じ産地のドリンクを注文するのもいいでしょう。ソムリエがいる店ならば、おすすめワインを尋ねるのもレストランを楽しむスマートなスタイルです。ソムリエの仕事を活かせる客こそが上客とも言えます。

今は手酌もアリの時代ですが、本来「とりあえずビール」は一緒にお店に来た人との間に仲間意識を作る効果がありました。大人としては、お店とのコミュニケーションも考えて飲み物をオーダーすることも必要なのだと思います。

ストレスオフのための1人ご飯のすすめ

●1人ご飯は単なるエネルギー補給ではない

「1人だと食事時間が10分で終わってしまう」という話をよく聞きます。会話しないので食事に向かうテンションも高まらず、「さっさと食べよう」という気持ちになるのでしょう。誰も見ていないし、誰かに食べさせるわけでもない、自分のためだけに手の込んだ料理は作らないということですね。見栄・気遣い・金銭のすべての面で、節約志向になりがちなのが1人ご飯なわけです。

外食も1人だと値が張るお店にも行かず、特定の業態のお店に偏りやすいものです。特に女性はパスタ店やカフェなど、1000円以内で食べられるお店を好みます。競合が激しいわりに、女性1人で行けるお店の選択肢はあまりないと業界でも長年言われ続けています。「1人だとお店に入りにくいので、お腹が空いてもスーパーやコンビニでお弁当を買って家で食べてしまう」という意見も。男性の場合は、立ち食いソバやラーメン屋、牛丼屋などのササっと食べられる業態のお店が多いでしょう。

興味深いことに、男女で違いがはっきり出ています。安くて1人でもまったりできるお店を好む女性に対し、男性は食べることに専念できるお店で安くお腹を満たしてストレスを取り去ろうとします。そのため、カウンター席がある業態がよく選ばれます。男性はテーブルの2名席に1人で陣取ることに躊躇《ちゅうちょ》してしまうようで、女性より遠慮がちとも言えます。

しかし、ちょっと待ってください。**1人ご飯は、自分のストレスをオフにするための大切な時間**なのです。そもそも食べることは本能です。食べ続けることで誰しも生命を維持しています。会食の場合は、ほかの人との会話や気遣いもそれなりに必要になるため、「食べること」だけに集中できません。それはそれで貴重な時間ですが、自分以外とのコミュニケーションが求められます。

一方で1人ご飯の場合は、「対自分」とのコミュニケーションに集中することができ、目の前の食べ物に正面から向き合うことができるのです。

その時、一番食べたいものを選ぼう

本書をお読みのみなさんは、毎日忙しく過ごされていることだと思います。ストレスがたまっていると感じていても、それを解消する前に次のストレスに追われて心が休まる暇すらない人もいるのではないでしょうか。忙しさに流されるまま、気づくと就寝する時間になっているといった状態です。

しかし、1人ご飯の時間はあなただけのもの。たとえ短い時間でも、感謝とポジティブな気持ちで一食を大切にいただきましょう。まずは、**与えられた条件下で可能な限り「最も食べたいものを選ぶ」**のです。もちろん私たちは限られた状況の中で生きているので、選択肢は無限ではありません。ですが、「1人ご飯だからコレでいいや」ではなく、「1人ご飯だからこそコレを食べたい」という気持ちで選びましょう。前向きな気持ちで選んで食べる。それだけでも、あなたのストレスはかなり軽減されるはずです。なぜなら、前述したように食べることは本能なのです。エネルギーを注ぐのですから、それは本来〝嬉しい〟時間のはずです。

もちろん価格や所要時間なども選択基準の1つではありますが、その前に「最も自分が欲しているものは何か？」を考えてみてください。それだけで1人ご飯は、単なるお腹を満たすためのエサを取る行為から、自分を見つめる貴重な時間に変わります。楽しくストレスオフできる時間にしましょう。

一流の人は「竹」を注文しない

●とにかく「竹」を選びたがる日本人

私は長年、飲食店のコンサルティング、食品関連企業や自治体への商品やメニューの提案・戦略プランニングをしています。飲食店のメニュー構成を考える上では、売価と原価率、経費のバランスを考えなくてはなりません。メニュー名やキャッチコピーも大切で、例えば単に「煮込みハンバーグ」とするよりも、「開店以来の秘伝ソース！　肉汁たっぷり煮込みハンバーグ」とする方がお客様も注文したくなるものです。ネーミングの工夫だけでも、劇的に売上が変わるのです。

そんな仕事をしているので、私は日本人のある傾向が気になっています。それは、概ね約7割の人が松竹梅のメニューから〝真ん中〟を選ぶことです。例えば、うな重に松竹梅があるとしたら、竹を選ぶ人が断然多いということ。A店の

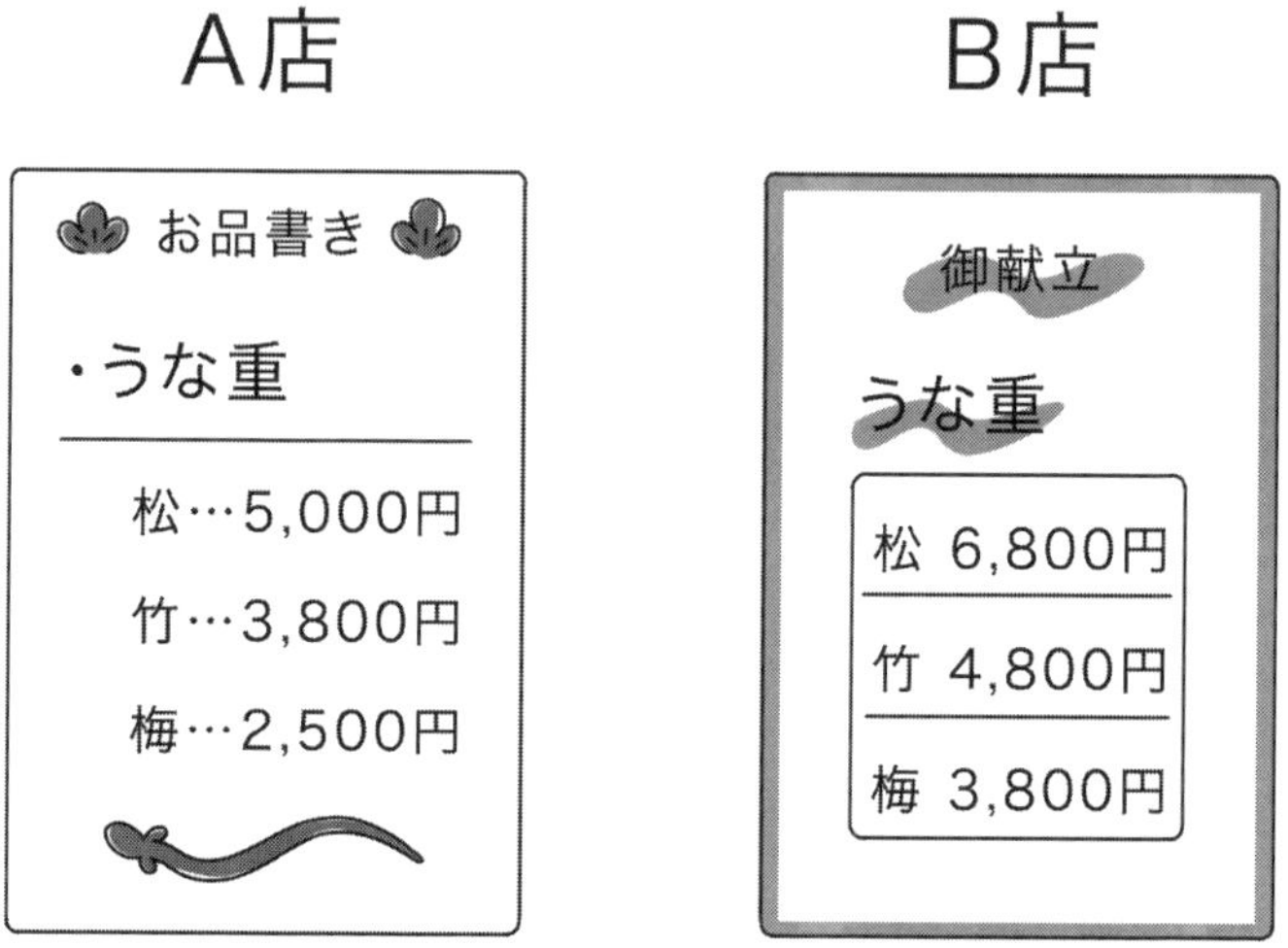

松が５０００円、竹が３８００円、梅が２５００円だったら、みなさんはどれを選びますか？　得もしないけれど損もしない真ん中の竹が無難で、松はさすがに少々値が張ると思われるのでしょうか。

　では、松が６８００円、竹が４８００円、梅が３８００円のＢ店では？　Ａ店より１０００円高いですが、それでも竹を選びますか。実はＡ店の竹とＢ店の梅の価格は同じです。また、Ａ店の松（５０００円）は高過ぎると思ったとしても、Ｂ店の竹（４８００円）はそんなに高いと感じにくいもの。わずか２００円の違いなのですが、印象はずいぶん変わります。

日本人は、「梅と表記されると、物足りないのでは？」と思いがちです。一番安価なメニューを注文することに、そもそも抵抗があります。「ケチと思われるのではないか」という見栄が働くのでしょう。私たちの物事の価値は、目や脳の錯覚で変動するのです。

●すべてのメニューに向き合おう

私がみなさんに言いたいのは、たまにはメニューの選択を変えてみよう、ということです。もし、常に竹を選ぶ傾向にあるなら、時には松や梅を注文してみましょう。**ご自身の気持ちやお店の雰囲気、サービス、価格帯から判断して、メニューを選択してみてはいかがでしょうか。**松竹梅の真ん中という選び方から離れて、それぞれ〝たった1つのメニュー〟として向き合うのです。

多数のメニューの中から、どれが自分の求めているものと重なるのかを意識しながら選ぶ習慣がつくと、客としての「勘」も自然と働くようになります。それは、「この店だと、私はおそらく松が満足するだろう」といったお店との相性に対する勘です。

そして、「給料日前だから梅しかダメだ…」といったネガティブな選び方ではなく、「今日は梅がおいしそうだ」や「時には松を食べて明日も元気に働こう」などポジティブな選び方でより満足度を高めましょう。メンタルコントロールにもつながります。私はどちらの選択も素敵だと思います。

生き方を映す焼き魚の食べ方

●生命を感じさせてくれる唯一の食べ物

10代の頃、父に「勉強になるから行くぞ」と言われ、食料になる豚の解体の場を見学したことがあります。その時の衝撃は一生忘れられません。「生きている生命を絶って食べているおかげで、私の体温は冷たくならずにすんでいる」という事実を心から尊く思ったものです。

みなさんは豚や牛一頭を買って、自ら捌《さば》いて食べたことがあるでしょうか。現代の日本の消費者の立場で、そのような買い方をする機会はまずないでしょう。西洋では鶏一羽くらいなら珍しくありませんが、日本では一羽まるごと買って内臓を取り出して調理する人は、クリスマスでも滅多に見かけません。

では、子羊はどうでしょうか。ホワホワの毛の中から見えるくりっとした黒くて丸い目と、ビブラートを効かせた甘え上手な鳴き声はとても愛らしいですね。でも、私たちはそのかわいい子羊を「さすが、ラム肉はやわらかい！」などと言いながら食べているわけです。スーパーで脂肪の少ないラム肉が売っていたら、思わず「美味しそう」と買ってしまいます。以前からこの愛らしい子羊を、どの時点で食べ物と認識しているのだろうか、と考えてきました。現代では、ほとんどの消費者はカットされた精肉の状態でしか見る機会はありません。周囲に自然の少ない環境では、生きていた時の姿がそのままわかるのは魚だけとも言えます。

●美しい焼き魚の食べ方とは

食事作法の本の執筆やメディア取材でいつも求められるのが、一尾の焼き魚の食べ方です。ある人気テレビ番組に出演した際、タレントの方々から秋刀魚の塩焼きの召し上がり方について次のように質問されました。それは、「上身を中央から両側に開いて、出てきた中骨を取ってから食べていたけど、なぜそれではダメなんですか？」ということ。

みなさんはどう思われますか？　何となくみっともないからでしょうか。確かにアジの開きのように最初に身を開いて、中骨を取ってしまえば、後は骨を気にせずに食べやすくなります。

また、上身の次に下身を食べる際も、魚の裏表をひっくり返した方が簡単ですね。しかし、「ひっくり返す」ことは食事作法では厳禁です。さらに、「頭は邪魔だから先に取る」という方も多くいます。確かに頭がなくなれば、その隣にある内臓も取りやすくなるのですが、これもＮＧです。今厳禁だとお伝えしたのはすべて食べやすくなる方法ですが、なぜしてはいけないのでしょう。

私がおすすめする、一尾の焼き魚の美しい食べ方は次の通りです。まず肩くらいの位置から右の尾に向かって、上身を手順よくつまみながら食べ進めます。上身を食べ終えたら箸で中骨を挟み、頭から尾へ、尾から頭へ沿って一往復スライドさせます。こうすることで、中骨に身がくっついてくるのを防げるのです。頭を折らずに中骨と尾まで箸で挟んで取り除き、皿の右奥へまとめます。下身も上身同様に左側から尾に向かって丁寧にいただきます。

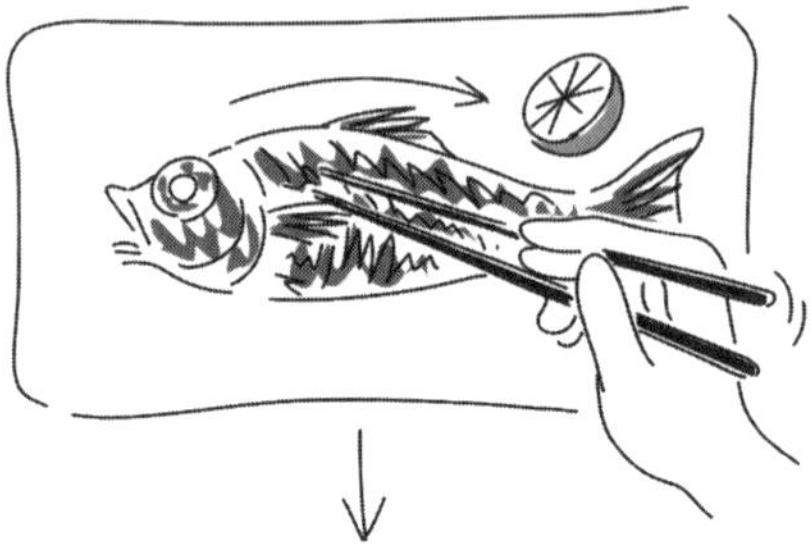

①中骨に沿って頭から尾へ箸先で切り込みを入れ、頭から尾に向かって一口ずつ食べていく。

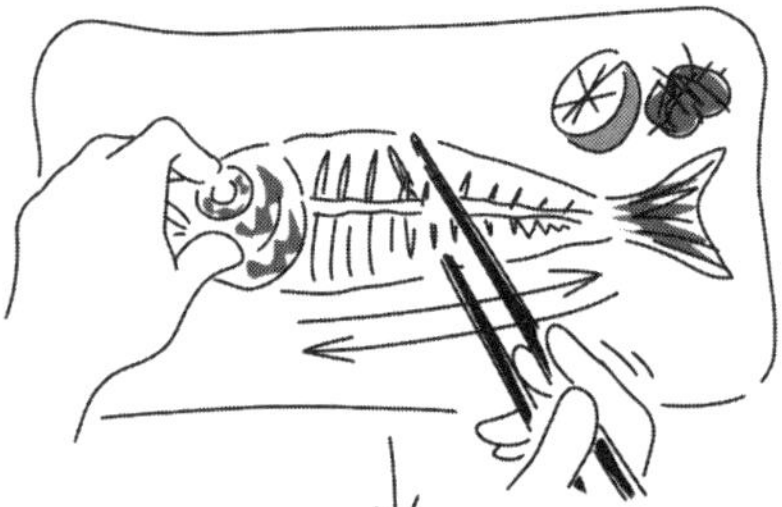

②上身を食べ終えたら、箸で中骨を挟み、頭から尾へ、尾から頭へ一往復箸をスライドする。これにより、中骨に身がくっつかない。

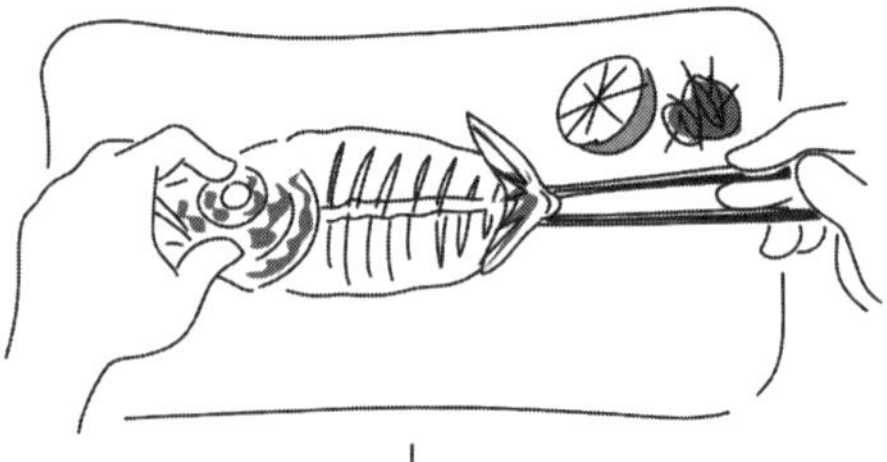

③内臓は食べなければ右奥へまとめる。頭は折らずに、中骨と尾を箸で折って骨を剥がす。

④骨は右奥へまとめ、上身と同様に下身も食べる。

●食べ方に生命への敬意を込めよう

私がお伝えしている食べ方のマナーには、些細な所作でもすべて理由がありまず。それをわかってもらえれば、単なるルールの暗記にはならないでしょう。例えば、**上身を開くことがNGなのは冷めてしまって美味しさが減るだけでなく、外見上も美しくないからです。身を裏表ひっくり返すのがNGなのは、お皿に剥がれた皮が貼りついてキレイではないからです。**

それでも食べやすければいい、と思われますか？　いえいえ、だからこそ避けていただきたいのです。前述したように、焼き魚は生きていた姿をそのまま感じられる唯一と言える食材です。目や内臓、骨の位置をしっかり感じながら、生きていた姿を尊重して食べ進めてしかるべきです。**命あったものを自分本位に食べやすくする食べ方は、身勝手ではないでしょうか。**これは私独特の考えで、どのマナー本にも書かれていません。

また、頭を最後まで取らないのも私のこだわりです。そもそも、お頭つきの魚は昔から縁起がいいとされています。組織のトップを「ヘッド」「お頭」などと呼んだり、戦国時代に大将首を取ることが手柄になったり、カラダの中でも最も大事な象徴的部位です。最後までもぎ取ることなく残せるといいでしょう。

キレイな食べ方は、一緒に食事する相手に丁寧な生き方を感じさせるものです。不思議なことに、一尾の焼き魚の食べ方に共鳴できる人は、ビジネスでも共鳴できる面が多いもの。手順の踏み方や、こだわる箇所、優先順位、正確さ、確実性など、おそらく仕事に限らず共通する思考が背景にあるからなのでしょう。

ゆとりを生む両手の使い方

●たかが左手、されど左手

食事の時に左肩が下がって見える人は、たいてい左手をテーブルの下に置き忘れていらっしゃいます（右利きの人の場合）。両手でナイフとフォークを使う時は別ですが、片手でスプーンやフォーク、箸を使う時によく見かける姿勢です。特に男性に多いようで、カラダが傾くと何となく自信がないように見えてしまいます。

左手は、食べ方を美しく見せるためにはとても大切です。そもそも右手で箸やフォークを持つとしても、食事は右半身だけで行うわけではありません。常日頃から、私が主宰する食輝塾の生徒さんにも、「**食事は全身を使ってするもの**」とお伝えしています。

さらに美味しく味わうため、また自分の感性を磨くためには「五感で食べる」ことも必要です。**耳で音を楽しみ、鼻で香りを愛で、全身で美味しさを感じ取りましょう。**足を組むだけでも消化力に影響すると言われるように、左手はおろそかにできないのです。

●テーブルの上の両手は素敵な佇まいで

カラダが左下がりになるのは、ただ左手をテーブルの上に出しておくだけで防ぐことができます。安定感も出て、見た目だけでなく自分自身も落ち着いて食べられます。西洋料理のマナーでは、両手を常にテーブルの上に乗せていることがよしとされます。中世に暗殺が横行していたヨーロッパでの「私は何も武器を持っていません」という意思表示の名残りだそうです。

両手をテーブルの上に乗せていることは、別の理由でも利点があります。例えば、誰かがワインをこぼしたり、具合が悪くなったりした時に、素早く手を差し伸べられます。また、ゆとりがあるように見えるので、会食相手をリラックスさ

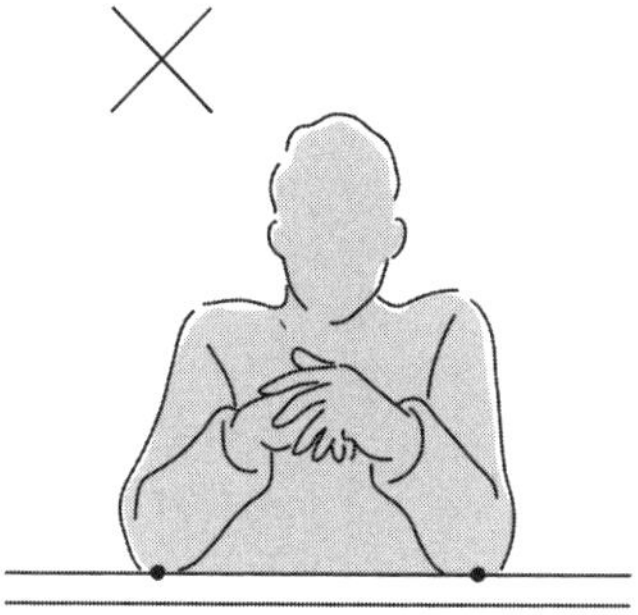

テーブルの上にヒジをつかない

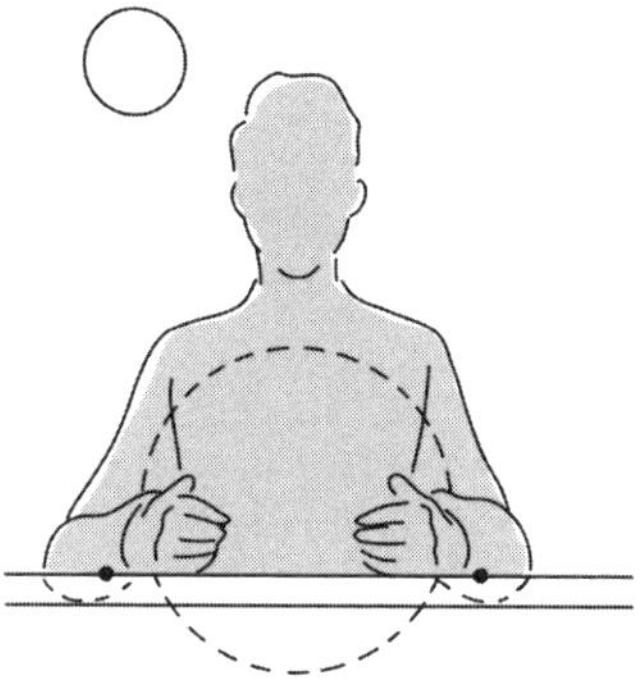

歓談の際は、テーブルの縁に手首とヒジの間を置き、両手は手の平で大きなボールを抱えるイメージで。

せてよいムードを生みます。

　では、具体的にどのような姿勢でテーブルの上に手を置くといいのでしょうか。ヒジをつくのはタブーなので、手首とヒジの間の好きな場所をテーブルの縁に置くとスマートです。たまに手の平をテーブルにべったりつけている人も見かけますが、白布のテーブルクロスだと手の脂で汚れそうですし、「よっこらしょ」と立ち上がろうとしているようにも見えるので避けましょう。

　食べている時は、さりげなく横から支えるように食器に触れるのも素敵です。その仕草は上品な印象とともに、気遣いのある人に見えます。

高級店で両手を置いて歓談する時は、手の甲を外向き、手の平を内向きにして大きなボールを抱えるイメージで置いてみてください。畏まった手の置き方より、数段ゆとりがあるように見えるでしょう。

スマホなしの食事から得られるもの

●スマホがくれる自分だけの世界

駅のホームでスマホに気をとられて起こる事故が増えているそうです。私も「危ないなぁ」と思う人にしばしば出くわします。先日も30代くらいの男性が駅のホームでご年配の女性に電車の止まる駅を尋ねられていましたが、スマホに釘づけで気づく気配はゼロでした。

以前、あるテレビ番組で、興味深い実験をしていました。スマホを見ながら駅のホームを歩くのと、本を片手に読みながら歩くのとでは眼球の動きに違いがあるのか、という実験です。両者ともおすすめできない行為であることには変わりないのですが、結果は驚くほど違いました。下を見て歩いているのは同じなのに、本の場合は無意識に目線が外へ向き、標識や周囲の人を認識して歩く速度を変えていたのです。一方、スマホの場合は全く周囲に目線が向いていませんでした。理由の1つが、脳も眼も小さいスマホ画面内の情報を得ようと必死に集中してしまうためとのこと。

駅のホームだけでなく街中でも、音楽を聴いて周囲の状況や他者との関係を遮断している人はよくいます。高齢者や小さな子供が歩いていても気を配れないなど、公共性や社会性の欠如が見られます。それに慣れてしまうと、電車のシルバーシートで平気で眠りこけることにもつながるのでしょう。気遣いをしないという選択は、自分だけの世界にいられるのでラクなのです。

●スマホ付きの食事から、リラックスの食事へ

スマホに気をとられることは、食事のシーンでも頻繁にあります。例えば友人と楽しく食事をしているのに、時折スマホを見る人がいます。化粧室へ席を外した途端に、スマホを確認する人も少なくありません。緊急の連絡が来る確率は、一体何%でしょうか？　友人と時間をともにしながら、その場にいない人と言わ

ば〝二股コミュニケーション〟をしている状態です。

ただ、そのくらいはお互いに許していますし、別段ヤキモチも怒りも覚えなくなっている人がほとんどでしょう。先日、接待の場に同席した際も、若手社員の「二股コミュニケーション」に対し、上司の方はその場では何も注意されず驚きました。様々なことが少しずつズレてきていると感じます。

1人で外食する時には、スマホはとてもありがたい存在です。注文してから料理が提供されるまでの手持ち無沙汰な時間を解消し、孤独感や1人でつまらない気持ちも軽減してくれます。スマホの出現は、〝暇〟や〝つまらない時間〟を私たちから一気に取り去ってくれました。その功績は実に大きいでしょう。

しかし、食事が運ばれるまでの時間は、本当に〝暇〟で〝つまらない〟のでしょうか？　いいえ、実はどちらでもありません。先に申し上げたように、1人ご飯は日頃のストレスをリセットする大切な時間です。毎日多忙で時間の流れに翻弄されている人こそ、お店ではスマホから顔を上げてみましょう。忙しく働くお店のスタッフの姿が見え、空席を待つ人に気づき、窓からの景色や季節の移り変わりを感じとれるかもしれません。**注文した後はスマホを見ずにリラックスし、料理をきちんと消化できる態勢を整えましょう。**その上で、食べ物という物理的なエネルギーを摂り入れてリセットすれば、例えばランチタイムなら午後の仕事も捗るはずです。

食事の時間は、忙しく流されがちな日常から離れて、自分でわずかでもコントロールできるのです。たとえ1人での外食でも、お店の中はまわりの人と空気や時間を共有する公共性の高い場所です。その意味でも、食事中にスマホの画面を見続けないことは客としてのマナーです。

ひとまずスマホに頼らない食事に変えてみてください。食事はせっかく自分にエネルギーを注いでいる時間なのですから、心のエネルギーも蓄えてみましょう。

なぜ、仕事ができる人はご飯の食べ方が美しいのか？

●身近だけど、決して侮れないコメ

「コメを食べるのは緊張する」なんて、まず耳にしたことはないと思います。実際、コメの食べ方に四苦八苦している人に出会ったことはありません。それだけ日本人の食卓にいつもあった身近な食材ですが、パンやパスタなど多くの選択肢がある現代では消費量は好調とは言いがたく、日本人のコメ消費の減退は農業従事者にとって死活問題です。

それでも、やっぱりご飯がない食卓は日本人には考えられません。例えば、ご飯はハンバーグやステーキなどの西洋料理にも合いますが、パンは秋刀魚の塩焼きやカレイの煮つけなどの和食には合いません。気にする人は少ないですが、食べる頻度の高いコメは食べ姿を見られる頻度も高く侮れません。

●コメを残さずキレイに食べる方法

最初のうちは問題なく食べ進めていても、最後にご飯茶碗にコメ粒がポツポツと残ってしまうことってありますよね。みなさんは、これをどうされていますか？そのままにしている人も多いのですが、それは見た目にもキレイではありません。口を直接茶碗につけてガッガッと掻き込む人もいます。これは「掻き込み箸」という嫌い箸の1つです。本来は、最後まで箸でつまんで食べるのがマナーですが、「そんなの面倒だ」ということでしょう。要するに、〝ポツポツまだら残り〟にならない食べ方をすればいいのです。

最初に茶碗のどこから箸を入れるのかがポイントです。何も考えずに茶碗の中央から食べ進めると、最後にまだらに残ってしまいがちです。試しに**手前左から対角線上に右奥へ向かって食べてみてください。一口食べたら、その隣を食べるように順を追って箸を入れます。**ご飯茶碗の内側に箸があたるくらいキッチリ端まで丁寧に食べることがポイントです。そうすれば、最後にコメがまだらに残ることはありません。牛丼やうな丼など丼物にも応用が効きます。

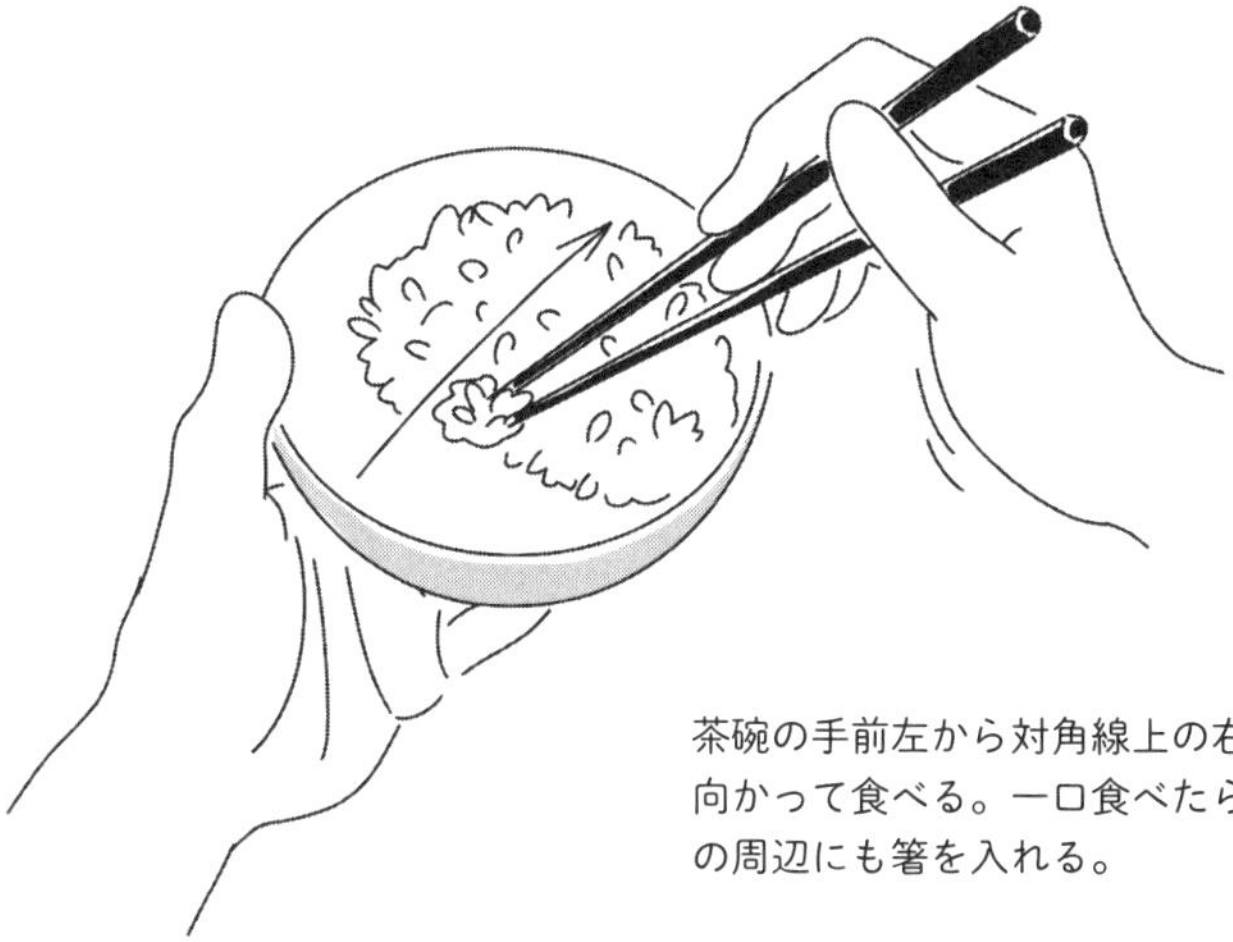

茶碗の手前左から対角線上の右奥へ向かって食べる。一口食べたら、その周辺にも箸を入れる。

美しい所作でご飯を食べよう

白飯はそれだけで食べることはほぼなく、たいていはおかず類とともにいただきます。ですから、ご飯が中央に配置されることもほとんどありません。和食の場合は手前左ですし、西洋のライスの場合も左側です。中国、韓国、インドネシア…、どの国の料理でも白飯は左側にあるのが一般的です。これが白飯の食べ癖を作る原因でもあると思います。

本来、和食ではご飯茶碗を左手に持って、口元へ近づけて食べるのが美しい所作です。食器を手に持って食べるのがマナーとされているのは、実は世界で日本だけ。茶碗にご飯を入れておかずとともに食べる国はほかにもありますが（中国や韓国、東南アジアなど）、どこもスプーン状のカトラリーを併用します。日本だけが、箸で食事を完結する唯一の国なのです。そのため、食器を置いたままでは箸で口元へ運ぶまでにこぼしてしまいます。言わばスプーンの代わりに食器を口元に近づけるわけです。キレイな持ち方でご飯を口元へ運ぶ姿は、優雅に見えるものです。

「左手で口元まで」という所作を億劫に感じると、食器ではなく顔の方を近づけてしまいがちです。いわゆる〝犬食い〟です。また、食器をぞんざいに持つ人は、ご飯の位置を動かさない傾向があるので、カラダが左側にちょっぴりよじれがちです。見た目はもちろん、消化にもよくありません。

気にしない人もいますが、茶碗の持ち方によっても、見た目の「品」は変わります。指を閉じて持つのではなく、5本指を広げて茶碗を鷲づかみする人は、「仕事が大雑把では……」「あまり細部までチェックするのが苦手なのでは……」と思われるものです。

西洋料理の平皿でライスを食べる時も同じです。ナイフとフォークでうまくご飯をつかめなかったり、右手に持ち替えたフォークだけで食べようとするとカラダが左へよじれてしまい、口元をライスに近づける結果になります。

また、平皿のライスを食べ進めて残り少なくなった時、みなさんはお皿を手に持って口元へザザッと掻き込みますか？　西洋料理は和食とは異なり食器を持ち上げないのが基本ルールです。何でも流し込めばいいという意識では、早食いになって満腹感をすぐに感じにくく、太ることにもつながりかねないのでやめましょう。

もともと、コメは日本にとっては「神様のお食事」とされてきました。そのため、今も神様にコメを献上したり、正月に白米をのした餅を食べるのです。丁寧にいただきたいものですね。

たかがコメ、されどコメ。ご自身の食べ方を、ちょっと見直してみませんか。

第2章

一流の
ビジネスパーソンが
身につけるべき
「食事七則」

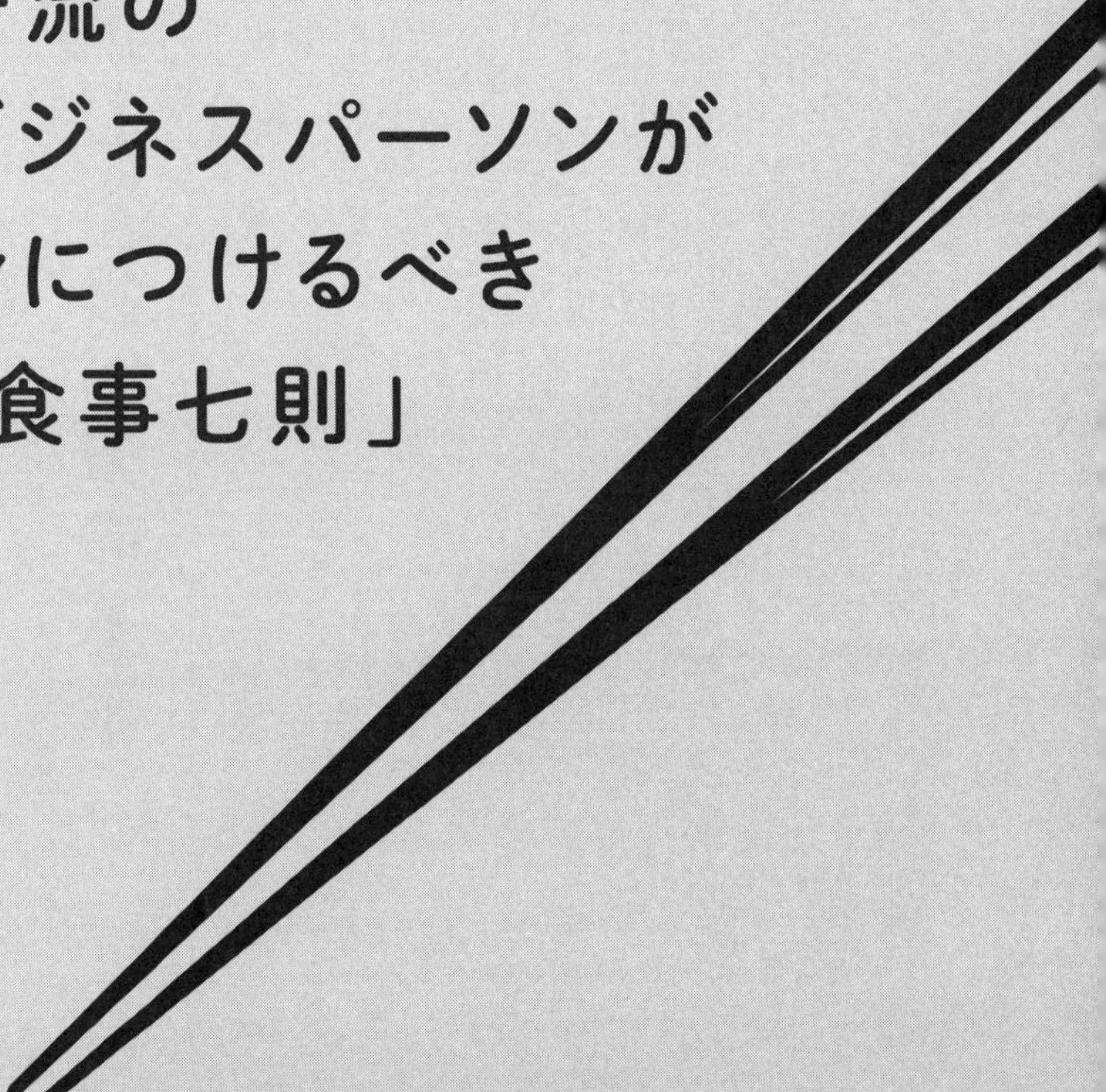

「食事七則」──世界に通じる食べ方の基本

●感謝と敬意を持って食べる

食事マナーと聞くと、なんだか堅苦しい決まりごとやルールを守ることだと思われがちです。「マナーに違反していないかな？」「恥をかきたくないなぁ」と窮屈な思いをした挙句、「もっと自由に食べたい…」となってしまう。私はそんなイメージを寂しく思ってきました。確かに食事マナーにはルールがありますが、それは結果としてできたことであり、目的ではありません。自分が恥をかかないようにするためのものではなく、むしろ逆。**一緒に食事をする相手に、恥ずかしい思いをさせないための決まりごとなのです。**

私の考える美しい食べ方は、「食べる」という本能的な行為をいかに広い視野で客観的にできるか、ということ。食べ物は様々な人々の想いや歴史、文化、環境、経済など多くのことを通じて、ようやく私たちの口に届くものです。それらへの感謝を持って食べることが大切なのです。

自分の身を削って私たちのエネルギー源となってくれる食べ物に対しても、ともに食べてくれる相手にも、火傷しないようにしてくれる食器にも敬意を払う。恵まれた日本ではなかなか実感しにくいのですが、読者のみなさんにはそれらに向き合う食べ方をしていただきたいと思います。

●半世紀考え抜いた食べ方の基本

「美しい食べ方」をお伝えすることが仕事になって15年あまり、研究年数で言えば約半世紀も毎日毎日考えてきました。**「本当に美しい食べ方」というものがこの世にあるならば、たとえ異国の初めて食べる料理でも、ある程度失礼のないように食べられるはず**です。それは誰も傷つけず、(万物に対して)配慮ある食べ方のはずです。屋台でも、屋外でも、ビジネスでも、デートでも、1人ご飯でも、宮中晩餐会でも通用するでしょう。

そこで、私は周囲への配慮を込めた食べ方の基本を「食事七則」として提案しています。この食事七則を実践された多くの方から、「取引先との会食で話がまとまるようになった」「どの国に行っても食事の時に困らない気がする」「毎日の食事を気遣えるようになった」などの声をいただいています。

当たり前のことのように感じるものもあるかもしれませんが、その〝当たり前〟ができない人が多い時代です。現時点での私の結論を、ぜひみなさんに実践していただきたいのです。

では、まずは「フェイス・トゥー・フェイスの法則」から始めましょう。

1 フェイス・トゥー・フェイスの法則

顔を上げれば心も上がる

自信がなかったり、悩みが頭から離れなかったり、隠しごとや後ろめたい気持ちがあると、私たちは下を向いたり、目線を逸らしたりします。ですから、**誰かと向かい合って食事をする時に、正面を見ていないと好印象を抱かれません。**少なくとも、自信がある人や信頼できる人には見えないでしょう。

相対しての食事では、相手の顔をちゃんと見ながら食べましょう。そんなことは当たり前だと思われるかもしれませんが、これが意外とできていないのです。食器を持たずに食べる「犬食い」や、スマホを見ながらの「ながら食い」をしていたり、目の前の肉を切るのに夢中になっているうちにヒジは上がるけれど、顔は下がるという事態に……。もちろん、もともとの姿勢が悪ければ顔も上げにく

くなります。

まず、自分が食べる時に一体どこを見ているのかを自覚しましょう。顔を上げて初めて周囲が見え、まわりへの気遣いもできるのです。相手は目をしっかり見られると、「信頼されている」と思うものです。それが、心が通じる食べ方にもつながります。1人で外食する時も顔を上げることで、お店のスタッフの様子や、窓から見える天気などに気づくことができます。

自信がない時や悩みがある時、疲れている時こそ、顔を上げて食べるようにしましょう。

カレーライス

カレーライスはお皿を持ち上げて食べることがほとんどないので、案外下ばかり向きがちな料理です。スープのように汁気が垂れることを心配する必要もなく、スプーン1つですくって口に運ぶ単純作業を繰り返せば食べられます。しかし、それだけに顔が下向きに固定化しやすいのです。

そこで提案ですが、スプーンに替えてフォークで食べてみてください。ルーがフォークの歯の間から垂れると思うかもしれませんが、とろみの強い日本風カレーやインドカレーなら問題ありません。そもそも、インドからイギリス経由で日本に伝わった当初はフォークで食べていたのです。今でもイギリスではナイフとフォークで食べる店も多いですし、明治時代からカレーライスを出している箱根の老舗ホテルのレストランでは、当時のままフォークです。実は私自身も家ではフォークが多く、スプーンよりも舌に触れる金属面積が少ないため、よりダイレクトにカレーの味が伝わります。何より少しおぼつかない食べ方に気を遣うので、顔が上がるのです。

具体的には、**できるだけ皿上の白色部分（ご飯）を保って食べ進める**と見た目もキレイです。**カレーとルーの境目から食べ始めて、ルーをライスに近づけるのではなく、ライスをルーに近づけるのがコツ**です。簡単に食べられる一皿だからこそ、顔を上げてまわりと会話を楽しみたいものですね。

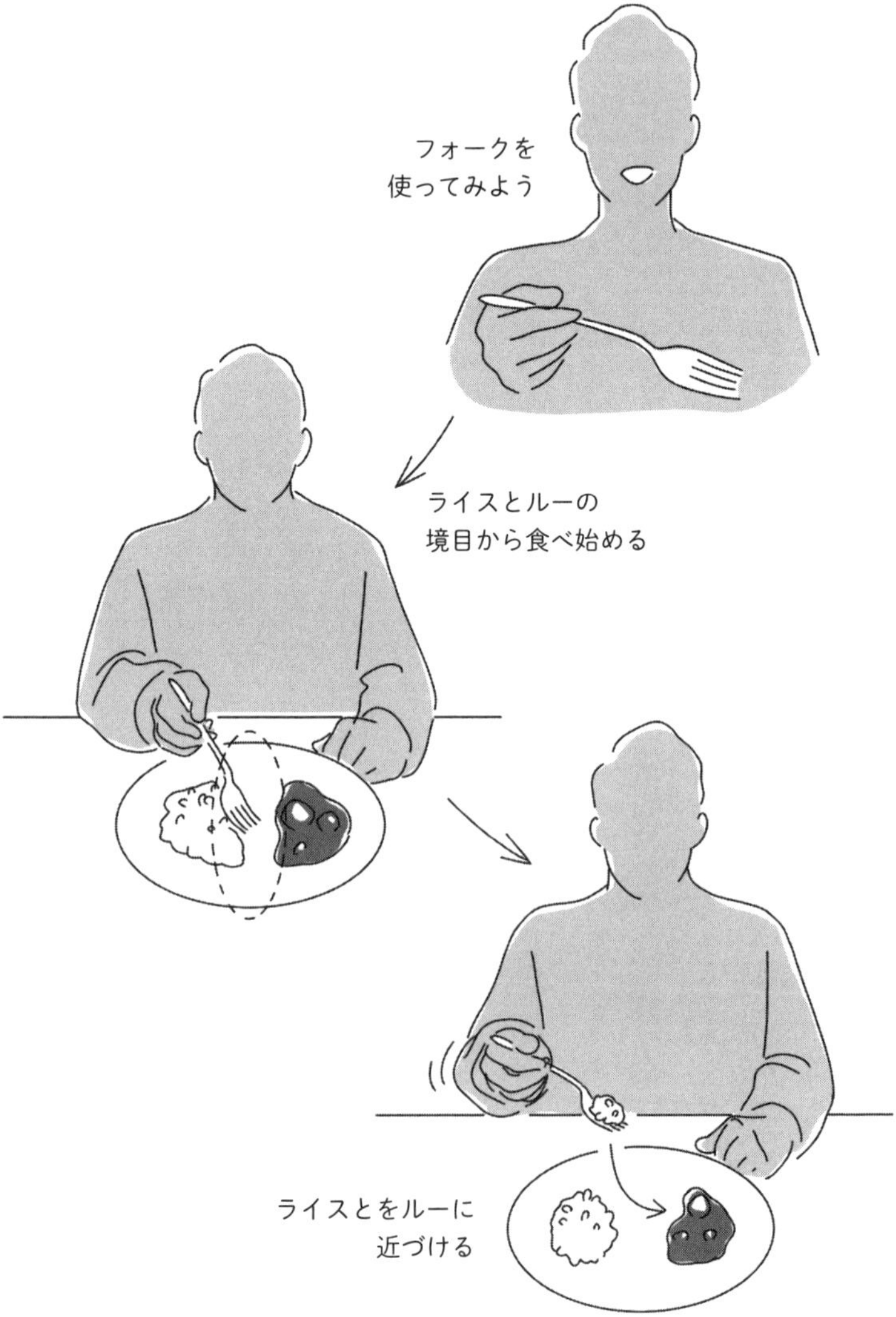
フォークを
使ってみよう
ライスとルーの
境目から食べ始める
ライスとをルーに
近づける

鴨のコンフィ（骨付きグリル肉）

コンフィ料理の中でも、鴨肉や鶏肉のコンフィは太い立派な骨の裏側にも美味しいお肉がついています。最初に骨さえ取ってしまえば、後は楽に食べやすいスペアリブや、骨付きの子羊グリルなどに比べると、食べにくいでしょう。

目の前にお皿が置かれても、どこからナイフを入れていいのかわからず、お肉と格闘しがちなこと間違いなし。まわりを見る余裕なんてどこかへ飛んでしまったように食べている人も少なくありません。

鴨のコンフィは、骨と肉を切り分けやすいやわらかい部分からフォークで軽く刺し、ナイフで切っていきます。切りにくいと自然と手に力が入ってナイフの刃先を強く動かしてしまいがちですが、力を入れれば入れるほどナイフは切れなくなると覚えておいてください。骨に沿ってお肉を削ぐようにナイフを動かすと、キレイに切り取れます。また、その隣を静かに力を抜いて骨に沿って切る。そしてまたその隣…というように順を追いましょう。

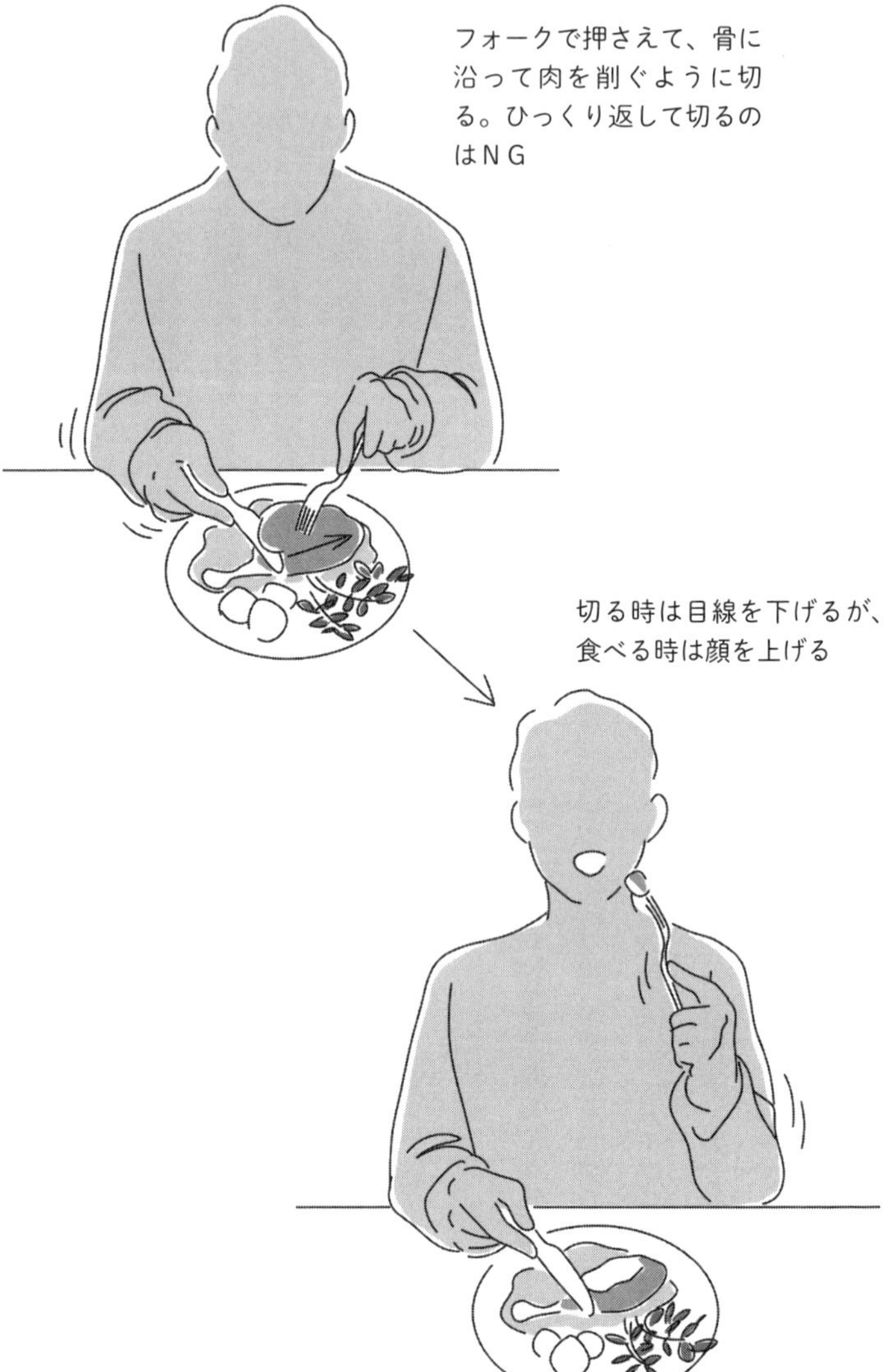
フォークで押さえて、骨に沿って肉を削ぐように切る。ひっくり返して切るのはＮＧ
切る時は目線を下げるが、食べる時は顔を上げる

骨の裏側の肉を切る時は、ナイフを骨の後ろに這わせ、同様に骨に沿って切っていきます。**コンフィをひっくり返して切るのはNG**です。**盛りつけを崩さないでいただくのが、世界共通のエチケット**なのです。

目線を下げて切っては、顔を上げて口へ運ぶ。下げて上げる。この動作を繰り返します。もちろん相手との会話も大切にしながら食事をします。心の余裕もできて、お肉ごときに格闘する、ゆとりのない自分から脱皮できることでしょう。

タンパク質でアミノ酸をしっかり摂取して、相手と楽しいひと時を過ごしてたっぷり英気を蓄えてくださいね。

2

指先フォーカスの法則

●指先には心が表れる

緊張すると手が汗でびっしょりになったり、手指が固くこわばったりするように、手先や指先は心を表します。怒りや悔しさで思わずこぶしを握ったり、悲しいことに出くわして指先が冷たくなる人もいるでしょう。その時々の気持ちが、脳から遠く離れた手先で表現されるのです。

また、手先の動きによって人柄を感じさせることもあります。例えば手で大きなジェスチャーを交えて話す姿は、大らかな人のように感じさせます。愛するペットの頭を撫でる時や赤ちゃんの手を握る時は、優しい気持ちで手指もやわらかに動くもの。

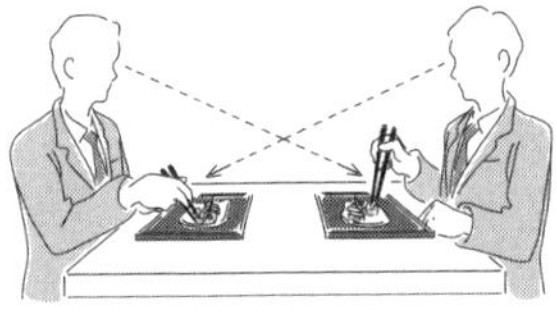

●食事で無意識に注目されている手先の動き

誰かと食事をする際に顔を見続けると互いに疲れるので、適当に目線を外しながら料理を口に運ぶのが普通です。では、顔以外のどこに視線が行くかと言えば、料理を食べる手先の動きです。逆に言えば、あなたの手先も相手からまる見えということ。指先に着目することで何かを分析しているわけではないでしょうが、**無意識レベルで相手の気持ちや人柄の判断材料にしている**ものです。

あなたが指先にまで神経を行き渡らせた食べ方ができれば、手首、腕、首の動き、姿勢とも連動し、いい雰囲気を醸し出します。また、商談での食事でリラックスした印象を与えられれば、相手の緊張もほぐれてその場の空気もよくなるでしょう。

箸使い

「箸は人柄を表わす」「箸は人なり」などの言葉があるように、日本の箸は人と関連づけて考えられてきました。※神人共食の考えにより、箸は神様と私たちをつなぐ、命をつなぐものでした。自分用の箸という考えがあるのも日本だけです。ですから、自分の手と箸が一体化したスムーズな動きに、美しいと感じるものです。また、正しい持ち方はてこの原理で疲れず合理的でもあり、腕の動きや姿勢にも影響するのです。

まずは、基本の正しい持ち方を確認しましょう。**2本の棒の1本を人差し指、中指、親指の3本で支えます。中指は箸の下から、ちょうど爪の付け根の側面で支えるのがベストバランスです。もう1本の箸を親指の付け根目指して差し入れ、下から薬指、小指で支えます。**この時に大切なのが、箸先同士がピッタリ合わさるかどうか。ピタリと合うことにより、コメを一粒も残さないキレイな食べ方を実現できるのです。

箸先を広げても、親指は上の箸から離しません。また、中指も常に下から上の箸を支えます。「正しく持てる」と自負する人でも、意外と中指が別の位置にある人も少なくありません。正しく持つと、上と下の箸が直角90度になるまで箸先

※神様と一緒に食事をする、神様へのお供えものを食べることで御利益を授かろうとする習俗。

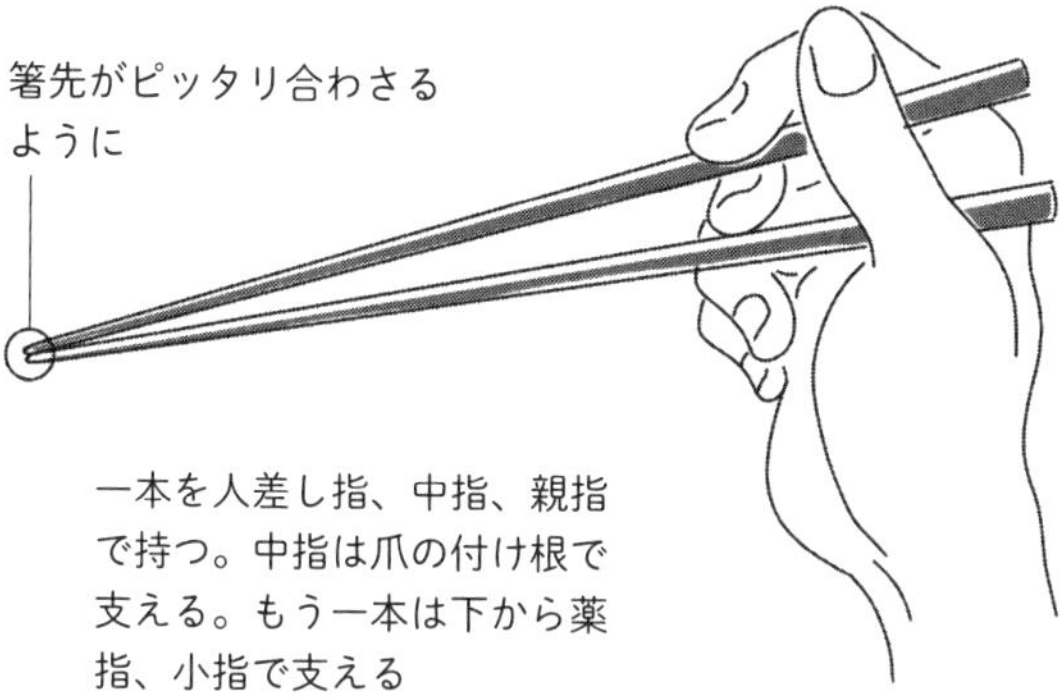
箸先がピッタリ合わさるように
一本を人差し指、中指、親指で持つ。中指は爪の付け根で支える。もう一本は下から薬指、小指で支える

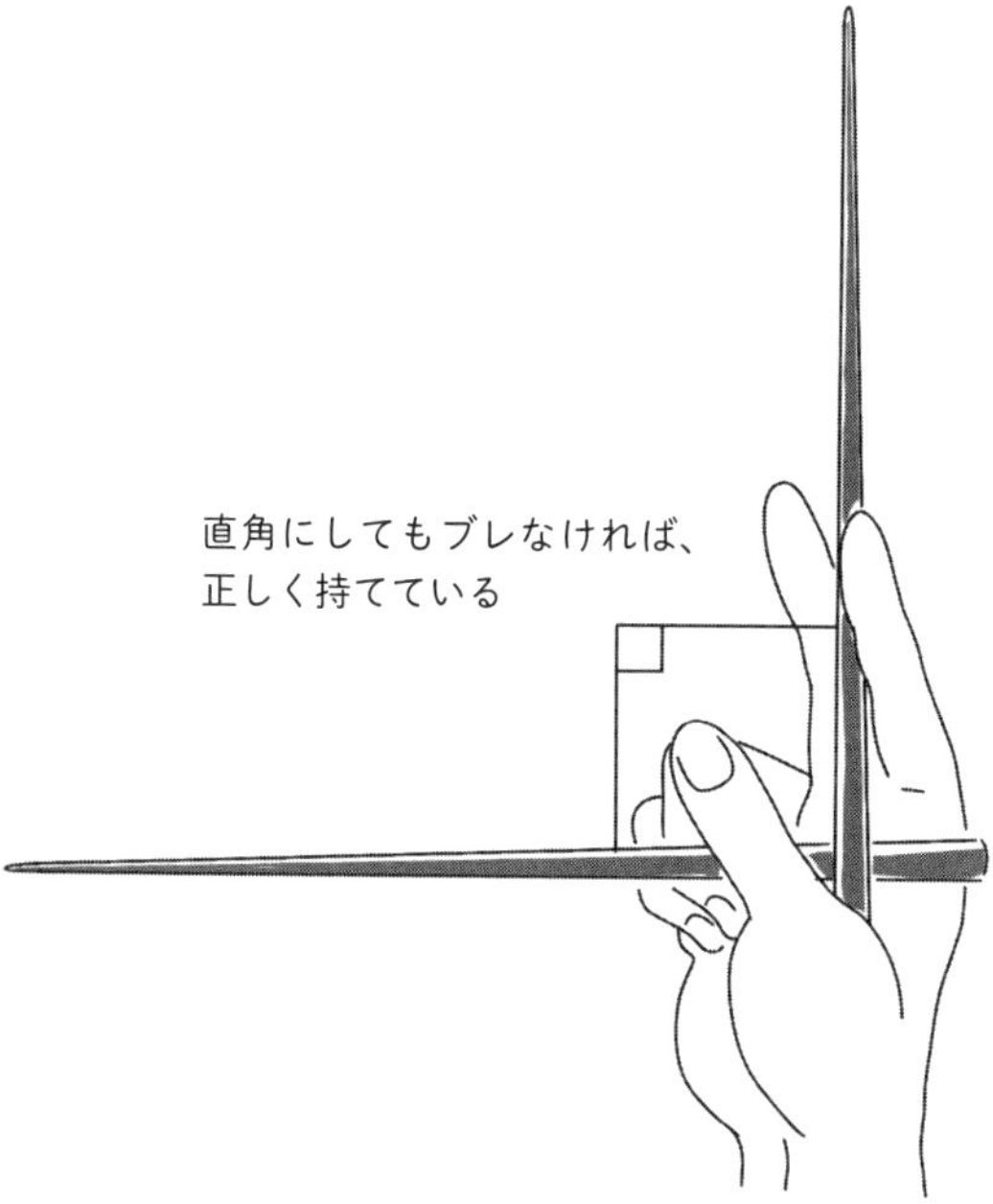
直角にしてもブレなければ、正しく持てている

が開いてもブレないので、確認してみてください。また、左手を使わずに右手だけで箸先同士が合わさるかどうかもチェックポイントです（右利きの場合）。

さて、正しく持てるようになったら、次は美しい所作を確認します。

あなたは大皿料理が出た時、取り箸がなかったらどうしていますか？　直箸は失礼なので、箸先を逆にする返し箸で取る人も少なくありません。実はこれはマナー違反と言われています。箸の両端を汚すことになりますし、口をつけて汚れた部分を天井に向けると汁などが垂れるかもしれません。お店の人に取り箸をいただくか、カジュアルな席であればまわりに直箸でいいかどうかを確認しましょう。

ただ、個人的には返し箸は決してマナー違反とまでは言えないと思っています。なぜなら、「直箸では失礼だろう」と気遣った上での所作ですから。

一方、何の断りもなく直箸で大皿から取る人もいます。気になる人にとっては、こちらの方が「気遣いの足りない人」「マナーを全く気にしない人」と思うでしょう。箸使いは普段の所作がつい出てしまうものです。特に1人暮らしだとあまり指摘されることもないので、普段から気をつけたいですね。

ちなみに、日本ほどマナーに厳しくはありませんが、中国では箸先が交差する交差箸は嫌われます。「×」をイメージさせるからです。箸をナイフとフォークのように両手に1本ずつ持って、食べ物を一口サイズに切り分けるちぎり箸も、箸を「×」にしているので気をつけましょう。

ビールグラス、ワイングラスの持ち方

ビュッフェパーティーやスタンディングバーで飲み物を受け取る時、バーテンダーの人からグラスの上の方を持って渡されたら少々嫌な気持ちになりませんか？　ビストロでグラスワインを注文したら、スタッフの人が5本指をガッシリ開いてグラスの上の方を持っていたらどうでしょう？

「おいおい、ちょっと待って」と思うのではないでしょうか。グラスの上部分を他人に触れられると不潔な印象がするのは、自分の唇をつける場所だからです。

唇はカラダの中で最も敏感な場所の1つと言われており、だからこそ愛し合う気持ちを確認し合う時は唇同士を合わせるのだと聞いたことがあります。人の指は油分もあるので、どうしても抵抗感があります。

それなのに、自分のグラスは無頓着に上側を持つ人は多数います。相手の仕草は気になるのに、自分のことには気づかないのが癖や習慣というもの。確かに上部を持つと安定感がありますが、他人からすると美しくは見えません。

ビールグラスを持つ時、親指以外の指4本が揃っている人は案外少ないものです。**女性はもちろん、男性も4本揃って持つと品が感じられます。**それだけで物腰がやわらかく見え、落ち着いた印象が出るものです。ただ、それで気が弱く見えてしまってはメリットがありません。女性は指をキッチリ揃えて持ち、男性は指先をふんわり揃えてグラスを持つとゆとりがあるように見えます。

手首の角度も大切です。自分が一番年下だったり、一緒にいる人への敬意を表したい場合は、手首やヒジをあまり開かず脇を閉めるように持つといいでしょう。逆に、余裕のある態度を見せたいなら、軽く手首や腕を広げるようにグラスを持

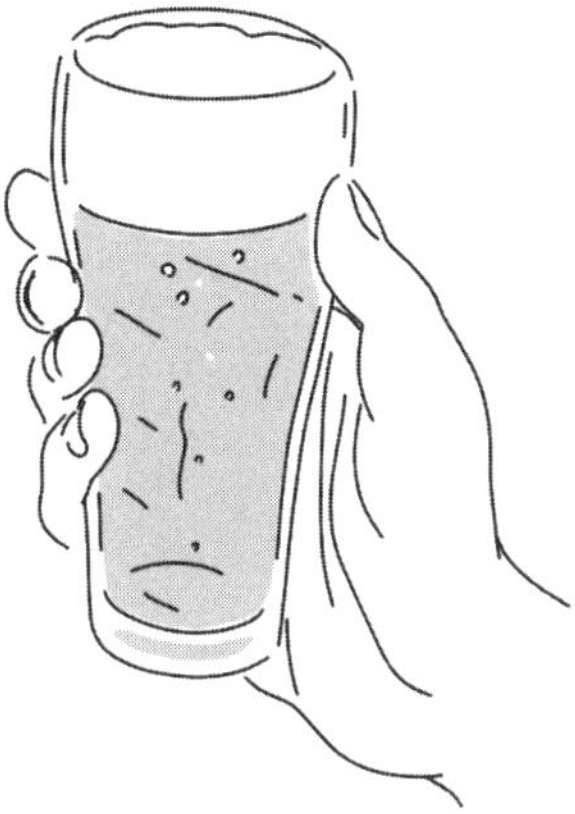

ビールグラスは親指以外の指4本を揃えて持つ

ワイングラスはステムではなく、ボウルを持つ

ちます。

また、ワイングラスは、日本では「ステム（細い脚部分）を持つのが美しい」という説が定着しています。テーブルマナーの本やマナーを教えるサイトにも、そのように書かれていることがほとんどです。

しかし、国際的にはそうではありません。晩餐会に参加している大統領も首相もワイングラスのボウル（丸い本体部分）を持ちます。ステムを持つのは日本だけの慣習なのです。**鷲づかみにするのではなく、やわらかくスポンジを持つようなイメージでボウルを持つ**と、リラックスして見えてグラスも安定するでしょう。

ただ、日本ではまだまだ「ステムを持つのが正式」と思っている方も多いので、その辺は臨機応変に対応しましょう。マナーは自分と受け手双方の共通認識があって初めて成立するものなのです。

伊勢海老のテルミドール

ナイフとフォークで切りにくい料理は最初は自然に腕が下がった状態で切り始めても、「あれ、切れない」「どうやったらいいのか？」と焦りが頭をよぎるうちに指先に力が入り、知らず知らず腕も上がり、いかり肩になりがちです。このように料理と〝格闘〟状態になると、目線も下ばかり向いて、周囲との会話を楽しむ余裕はできません。

骨付き鴨肉のコンフィやケーキのミルフィーユはもちろんですが、中でも伊勢海老のテルミドールは代表的な料理と言えるでしょう。伊勢海老のテルミドール

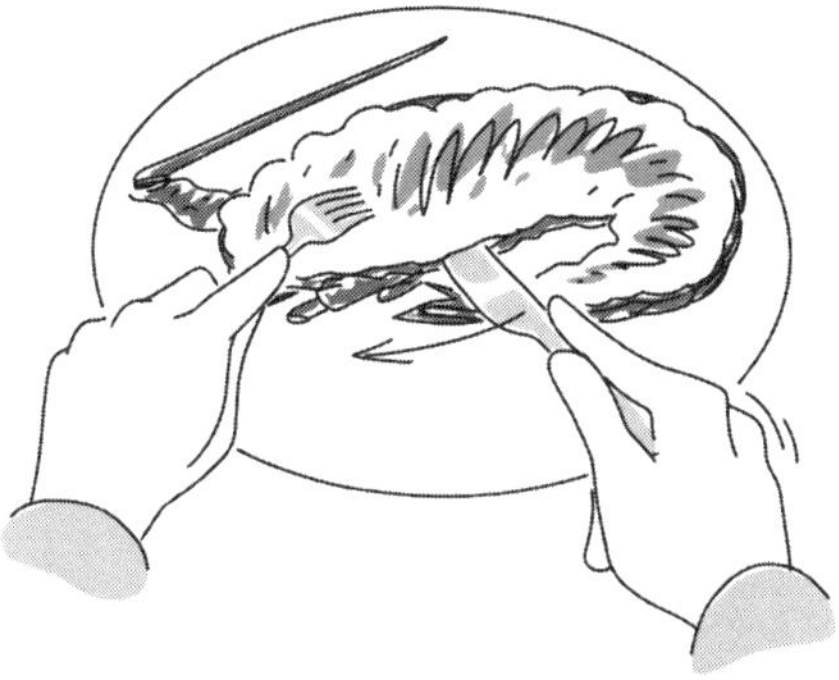

殻から外す時はフォークで身を押さえ、殻と身の間にナイフを入れ右から左に移動させる

は、身を半割にしてクリーム系のソースをかけ、チーズなどをふって殻付きのままオーブンで焼き上げたもの。食べる機会は少ないかもしれませんが、結婚式の披露宴では定番の料理です。お祝いの席で余裕を持って食べたい時だけに、指先に力が入ってしまうのは避けたいものです。

ナイフは基本的に力を入れると切りにくくなるものです。やんわりと持って腕ごとゆっくり前後に動かすと楽に切れます。テルミドールはまず殻から身を取り出して、皿の手前に移します。殻から外す時にはフォークで身を押さえ、ナイフを殻と身の間に這わせて右から左に移動させるとプルンとキレイに身離れします。あらかじめ殻から身を離して提供してくれるお店がほとんどですが、殻の上から皿に移すことで安定していただけます。身は左から右に食べ進めるのが西洋料理の基本です。

3

一口サイズの法則

●自分の一口サイズを把握しよう

基本的に**大きな食べ物は〝一口大に切って食べる〟のが、万国共通のマナー**となっています。では、一口大とは何センチでしょう？　どのテーブルマナーの本も「一口大に切る」とは書かれていますが、「一口」のサイズを2センチ、5センチなど明確にされてはいません。それは各人に任されているのです。

みなさんは、自分の一口が何センチか把握していますか？　ほとんどの人はそんなこと考えたこともないと思います。でも、一口大を知っておく利点は多々あります。自分の一口サイズは、長年の手の動きや食卓環境など様々な要因の積み重ねによって無意識にでき上がっています。それを認識しておけば、「一口で入ると思ったけど、大き過ぎて口の中がいっぱいだ！」という事態も免れます。

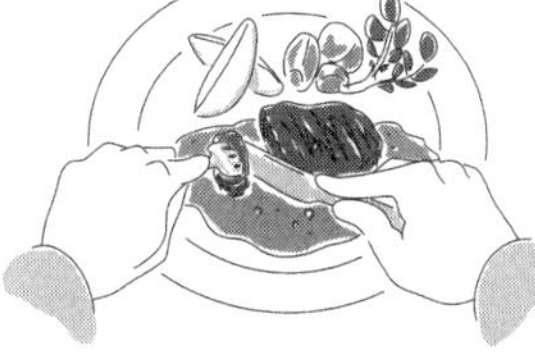

●一口サイズの調整で会食が円滑になる

一口の分量を間違えると、口の中に食べ物が入っている時間が長くなり、その間の会話も「ちょっと待ってください」と中断せざるを得ません。会話の流れを保つためには、飲み込める速度を知っておく必要があるのです。

例えば、大口でパクパク食べそうな方々との会食で、自分だけ食べるのが遅くなりそうな時は、一口サイズをいつもより若干大きめにして（大口を開けなくても済む程度）、噛むスピードを速めて食べ終わるタイミングを調整します。逆にゆっくり食べる人との会食や、誰かを待ちつつ食事をする時は、一口サイズを小さめにして、噛むスピードをゆるめたり、いつもより噛む回数を増やせばいいでしょう。基本の一口大を自覚しておくことは、「大口を開けるのはみっともないから」「かじり残すのははしたない」という理由だけでなく、会食でのコミュニケーション面でも役に立つのです。

また、**一口大にして食べることはダイエットにもつながります。**小さくすると何度も箸を運んでゆっくり食べることになるので、食べ終わるまでに満腹中枢が刺激されて過食を防いでくれます。また、「胃腸のためにもゆっくり食べよう」「少し気持ちにゆとりを持って食事しよう」といった意識づけにもつながります。自分の一口を知ることは、自分自身を知ることにもなるのです。

コース料理のパン

フレンチなどのコース料理のパンを一口大にちぎって食べることはよく知られていますが、キレイに食べるのは意外に難しいものです。付け合わせのバゲットはパン屑がパラパラと飛び散りやすいからこそ、食べ方を押さえておきたいところです。

そもそもコース料理のパンは、主食というよりはあくまでもメインディッシュ（魚と肉料理双方）の口直しです。メインを食べてついた、口の中の油分を取る意味があるのです。正式にはスープの後のメインの魚料理から食べ始めますが、最近では最初から焼きたてのパンを出すお店も多く、その場合は食べても構いません。ですが、あくまでもメインのお供なので、その前に食べ切ってしまうのは「お腹が空いて待てなかった」という印象を与えてしまいます。

バターをつける時も間違えないようにしたいもの。数人分をバタークーラーに入れてサービスするお店では配慮が必要です。まずはバタークーラーのバターナイフで自分の分だけを取ります。その時、中央からザックリ取ると見た目が汚くなってしまい、後に取る人に対して失礼です。バターを取ったら直接パンに塗るのは厳禁。いったん自分のパン皿の右奥に乗せ、バターナイフとバタークーラーを元の位置へ。これは、共有している以上忘れないようにしましょう。

さて、ここでやっとバターが自分のものとなりましたが、バターナイフで塗る前にパンを「一口大」にちぎります。バゲットは勢いよくちぎると飛び散るので、ゆっくり外側の方に親指を入れて裂きます。

お店によっては有料のところもありますが、だいたいパンはおかわりできます。ですが、正式にはメインを食べ終わったらパンも下げられます。おかわりして半分残っているのに先にメインを食べ終わってしまった、なんてことがよくありま

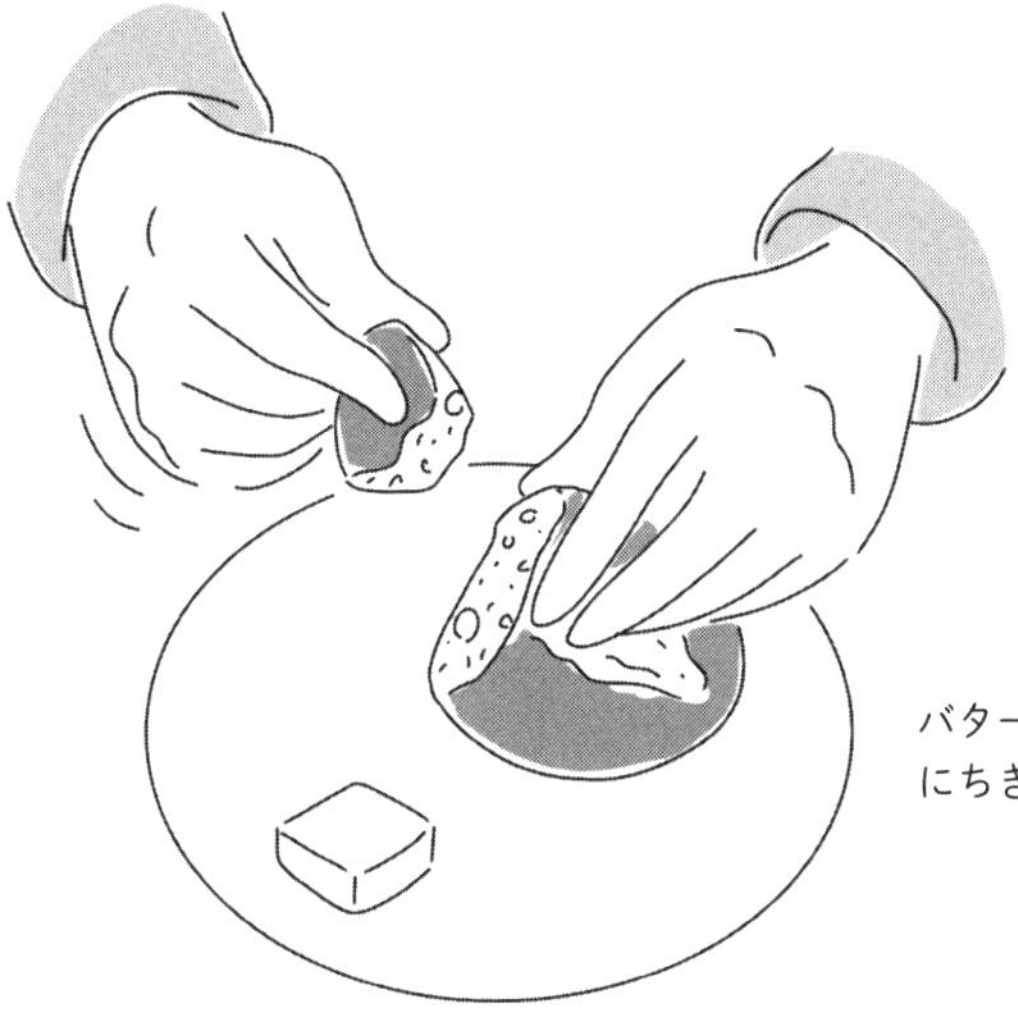

バターを塗る前に一口大にちぎる

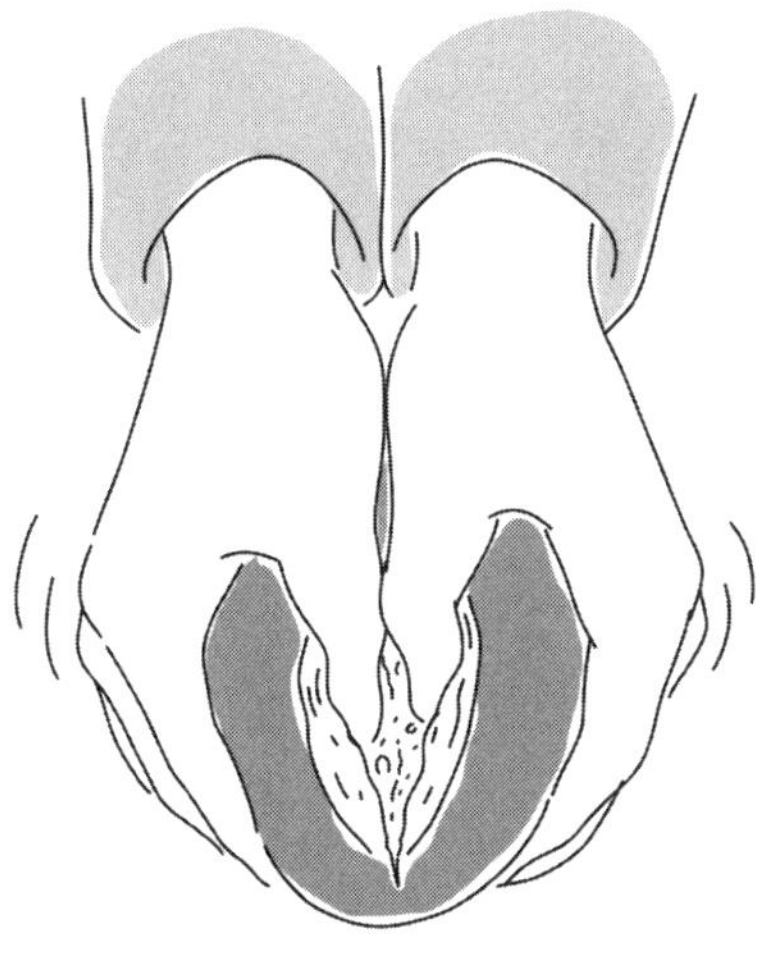

パン屑が飛び散らないよう皮と中身の境目に親指を入れ、外側に裂く

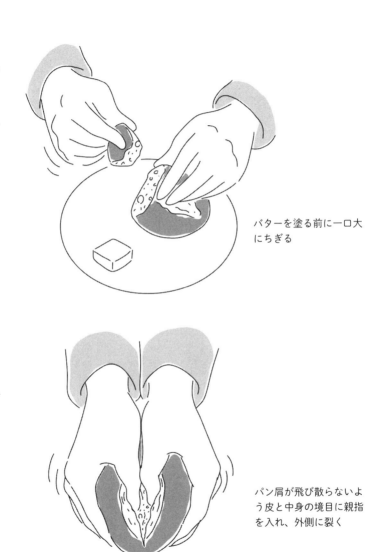

すが、メインを下げられる時に慌てて残りのパンを口に押し込むのはとても格好悪いですね。計画性がなく、こういう場に慣れていないことが一目瞭然です。

パンはちぎる時に手が汚れる上に、バターもつけるので、集中しないと意外にキレイに食べられません。ただ、あくまでも脇役ですから、**下ばかり見ずに会話が途切れない程度にメインの間に一口大にして食べましょう。**スムーズな食事の流れを作るには、パンの食べ方が調整役として重要なのです。

サラダ

ランチセットにもコース料理にもよく出てくる、カジュアルな店からフォーマルな店まで食べる機会の多いサラダ。身近にありながら、キレイにいただくのは案外難しい料理の1つです。

特に、厚みのない葉野菜はフォークで刺しにくいので、一口大に切るのが難しいもの。**レタスやキャベツを食べる時は、フォークで押さえつつナイフで2、**

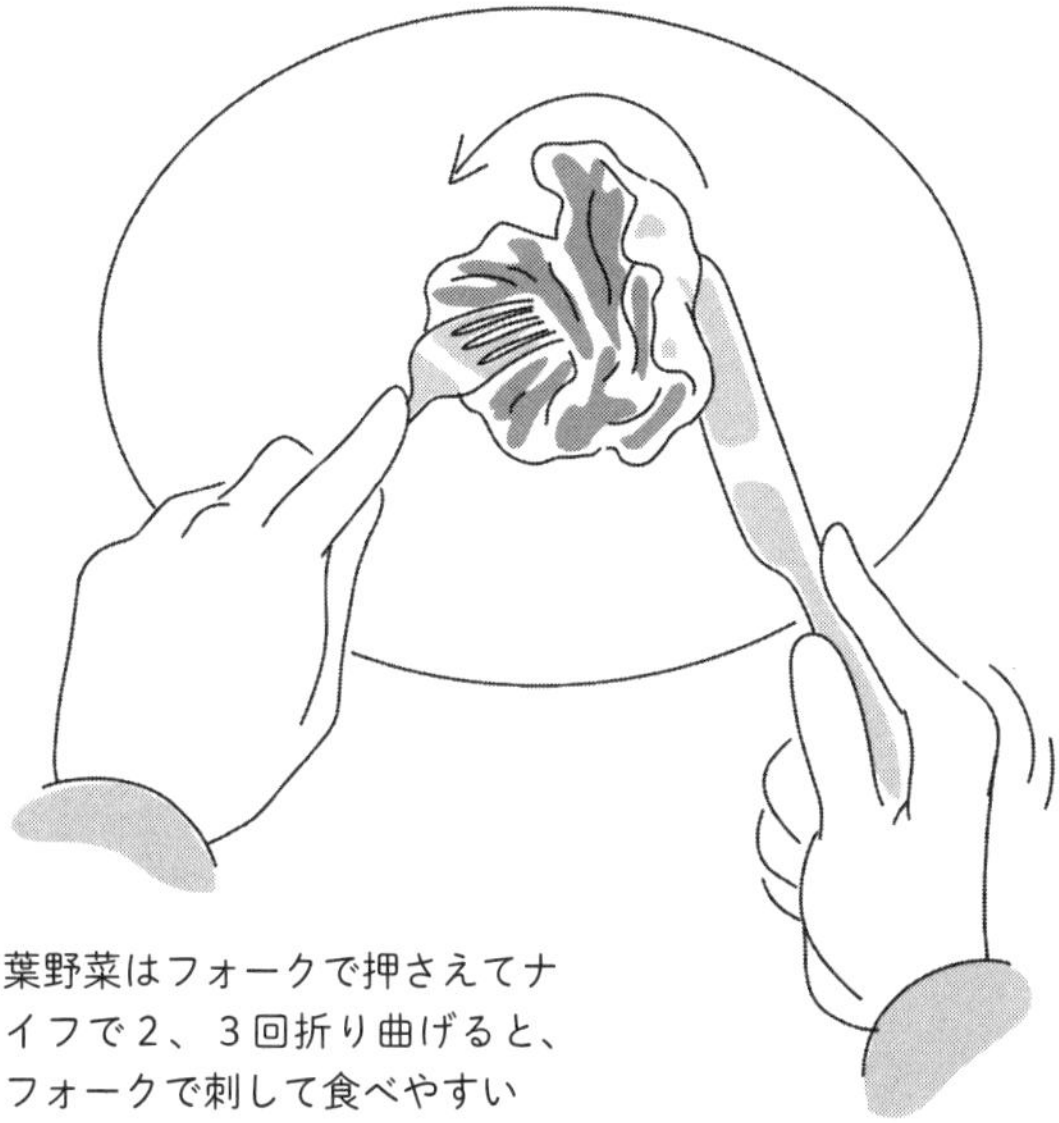

葉野菜はフォークで押さえてナイフで2、3回折り曲げると、フォークで刺して食べやすい

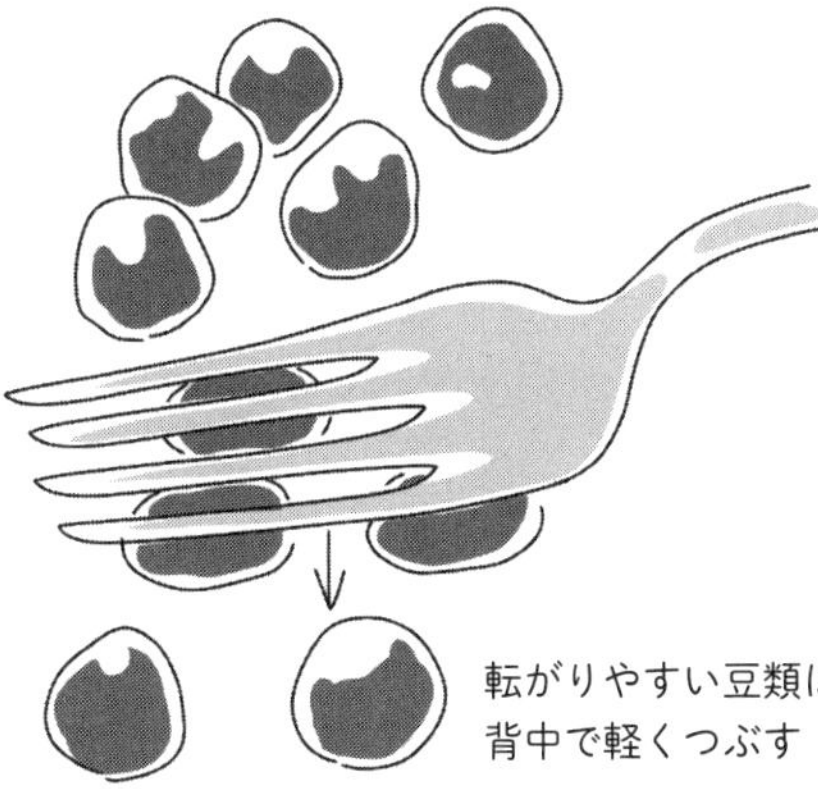

転がりやすい豆類はフォークの背中で軽くつぶす

3回折り曲げて小さな厚みを作りましょう。そうすれば、フォークで刺して食べることができます。

また、薄切りトマトもやわらかく水分があり過ぎてフォークで刺しにくいですが、葉野菜と同様に厚みを作ればいいのです。フォークを垂直に刺さず、30度くらいの水平に近い角度で刺すのがコツです。ナイフでフォークの背中に押しつけるようにしてから口に運ぶと、水分が多くても案外こぼすことなく口まで到達できるのです。

粒が細かい豆類やコーンなどは、フォークで刺すのが大変です。サラダ皿ごと持ち上げて、ザザッと掻き込んで食べる男性をよく見かけますが、西洋料理はカジュアルな店でも食器を持ち上げないのがマナーです。ランチのプチサラダでも、持ち上げずに食べる癖をつけておきましょう。

豆類やコーンはフォークの腹の上に乗せて食べます。ただ、**豆類は転がりやすいので、フォークの背中で軽くつぶして構いません。**通常は料理をつぶして食べることは見た目を崩し食感も変えてしまうためマナー違反ですが、豆類に関しては例外なのです。

カイワレ大根や水菜などは、それだけを食べようとすると、ピンッとはねて口からはみ出てしまいます。そもそも、細過ぎてフォークで刺しにくいので、一口幅にカットして葉野菜と一緒にすると厚みが出て、フォークで食べやすいでしょう。

ロングパスタ

ロングパスタを食べる時、フォークでひと巻のつもりが、あっという間に大きくなってしまった経験はありませんか？　ちょうど一口で食べられるようにするには、ひと巻は数本程度が適量。**男性で3〜5本、女性で2〜3本が目安**です。想像以上に少ないかもしれませんが、そのくらいがちょうど口内に一度に収まる量なのです。

ひと巻が大きくなり過ぎるのを防ぐには、どこからフォークに巻きつけるかがポイントになります。**パスタの山の中央から取るのは厳禁。最初にパスタの山から、お皿手前の端に一口分ス〜ッと引き寄せます。**このひと手間でひと巻分を確保し、フォークを垂直に皿につけた状態できっちり巻きつけます。

せっかく一口分が取れても、巻き方がゆるいと口に運ぶ前にブルルンっと跳ね返ってフォークからパスタが垂れてしまいます。そのまま口に入り切らないパスタを歯で噛み切るような計画性のない食べ方をする人は、仕事でも細部に神経が行き届かない人のように感じられます。〝自分のひと巻き量〟を見つけておき、顔を上げた状態で姿勢よく食べれば、ロングパスタも恐くありません。

アサリのボンゴレなどの殻つき貝入りパスタの場合は、手を使わずにフォークで身を刺しておき、ナイフで蝶つがいを殻からえぐり取るようにします。貝だけ食べてもいいですし、パスタに巻きつけながら一緒に食べるのもいいでしょう。

ちなみに、本場のイタリアではスプーンを使うのはスープパスタの時か、子供だけと言われます。通常のパスタは、フォークだけで食べるのが基本なのです。

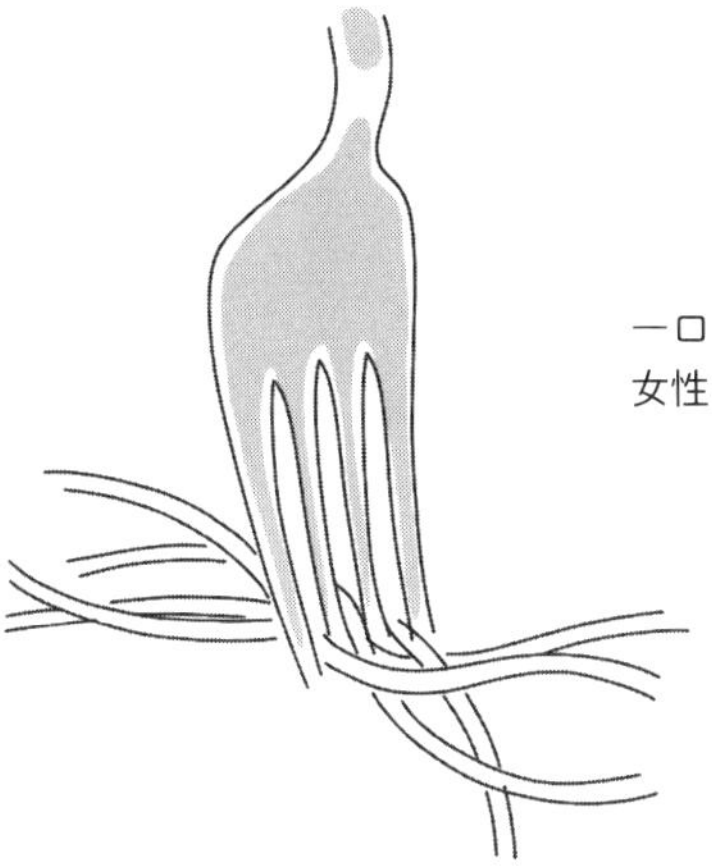

一口の適量は男性が3～5本、
女性が2～3本

フォークを垂直に立てて、皿の
手前部分で一口サイズに巻く

4

自分ベクトルの法則

●国際儀礼ではなくとも重んじたいルール

テーブルマナーをご指導する上で、長年私がこだわり続けていることの1つがナイフやフォーク、箸の〝向き〟です。これさえ常にきちんと気を配れたら他のマナーはもういらないのでは、と思うほど大切にしています。

西洋料理では食事中にワインを飲むなどしてナイフとフォークをいったん置く時は皿の上に八の字にし、食後に「下げてくださって結構です」と意思表示する時は揃えて置きます(フォークはナイフの手前に)。揃えて置く角度はアメリカ式、イギリス式、フランス式など様々ですが、現代ではさほど意識せずとも大丈夫です。

それよりも私が重んじていただきたいのは、〝ナイフの向き〟です。**刃を常に**

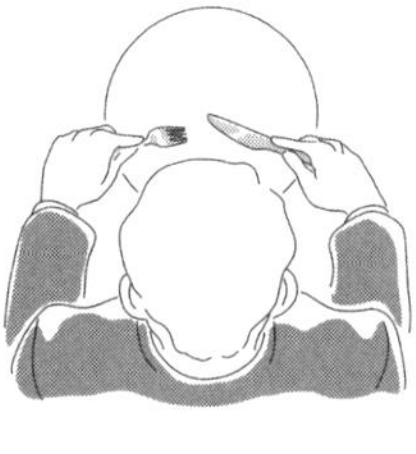

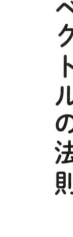

手前内向きにして置きましょう。さりげない配慮がささいな行動になって表れる、それがマナーだと思います。

私はこれまで様々なテーブルマナーの本を読んできましたが、ナイフの位置には言及していても、刃の向きについてまで書いてある本はありませんでした。国際儀礼で決まっているわけではありませんので、今まで意識したことがない方も多いのではないでしょうか。人間の集中力は40分が限界と聞いたことがありますが、「ナイフの向きに気をつけよう」と思っても、会話をしながら食事を楽しんでいるうちにふっと忘れる瞬間はあります。お酒を飲んでいたらなおさらです。普段の癖はなかなか隠せません。毎日の意識を必要とします。

●刃は必ず自分に向ける！

最初は意識しなくてはいけないかもしれませんが、常に刃の向きを自分の方に向けること(自分ベクトル)で癖になり、いずれ無意識に気遣えるようになります。

子供の頃、「ハサミを人に渡す時は、自分が刃先の方を握って渡すもの」と教わったことと同じです。

ナイフの刃や箸先を自然と他人に向けないようになると、日常生活でもその気遣いが発揮されていきます。例えば、男性なら女性と歩く時は何気なく自分が車道側へ移る、電車で高齢者の方が目の前に立ったらすぐに席を譲る、人を指さないなど、これらの一見無関係な事柄もすべて同じことです。

人は「Aの場合は相手に譲るが、Bの場合では自分を優先する」などと、状況によって細かく優先順位をなかなか変えられるものではありません。よほどこだわりのあることは別ですが、「他人の気持ちを配慮するかどうか」はある程度人柄によるものと感じます。同じ1人の人間の行動として表れるのです。

また、若い女性に多いのですが、「美味し〜」「とろける〜」などと言いながら手に持ったフォークやナイフを上向きにする動作。不思議なことに、あの仕草は人生経験豊富な女性はされませんし、男性も滅多にされません。「私、かわいいでしょ？」という無意識の表れでしょうか。口をつけて汚れたカトラリーの先端部を天井に向けると、ソースなどがポタポタ垂れてテーブルを汚してしまうかもしれません。食器の上をまたいで箸を置いたり、無造作に人に向けて置いたりなど、箸先の向きも同様に気をつけたいものです。

自分ベクトルの法則は対人だけでなく、クロスやテーブル、食器に対しても配慮する行為です。くれぐれも気持ちは外向きに、刃は内向きに！

白身魚のクリームソース

フレンチでは、平目などの季節の白身魚の切り身にソースをたっぷりかけた料理は定番です。特にクリームソースやバターソースは白身と相性がよく、淡泊な味わいを濃厚なソースでカバーしてとても美味しくなります。

ただ、白身魚は身がやわらかいため崩れやすく、フォークで刺しても口元へ持ってくるまでにポロッと落としそうになります。ソースがたっぷりかかっているとフォークの間から垂れてしまいそうですし、慌てて顔の方を魚に近づけるといわゆる犬食いになってしまいます。

お店によっては、ナイフの代わりにフィッシュスプーンが用意されています。これは魚専用のナイフで、ソースごといただけるように出されます。平たいスプーンのような形で、**小さな窪みが上になるように持って魚を切ります。ナイフのように切ってそのままフォークに刺して食べてもよく、スプーンのように持ち替えてソースごと魚を食べても構いません。**本来、ナイフは絶対口に入れないものなので、これは例外的です。

ナイフの持ち方とスプーンの持ち方をうまく切り替えられると美しいのですが、フィッシュスプーンの先が料理の上を振り子のように動いてソースが飛び散るかもしれません。また、刃先は鋭くないものの、モノを切る道具を皿の上でブラブラさせるのも、自分ベクトルの法則から考えるとよくありません。慣れるまでは面倒でもいったん皿の上に置きましょう。そのひと手間が、相手から見ても品のある丁寧な人に映るものなのです。

フォークで魚の身を押さえ、
フィッシュスプーンで切る

スプーンのように使う
時はフィッシュスプー
ンをいったん皿に置い
て持ち替える

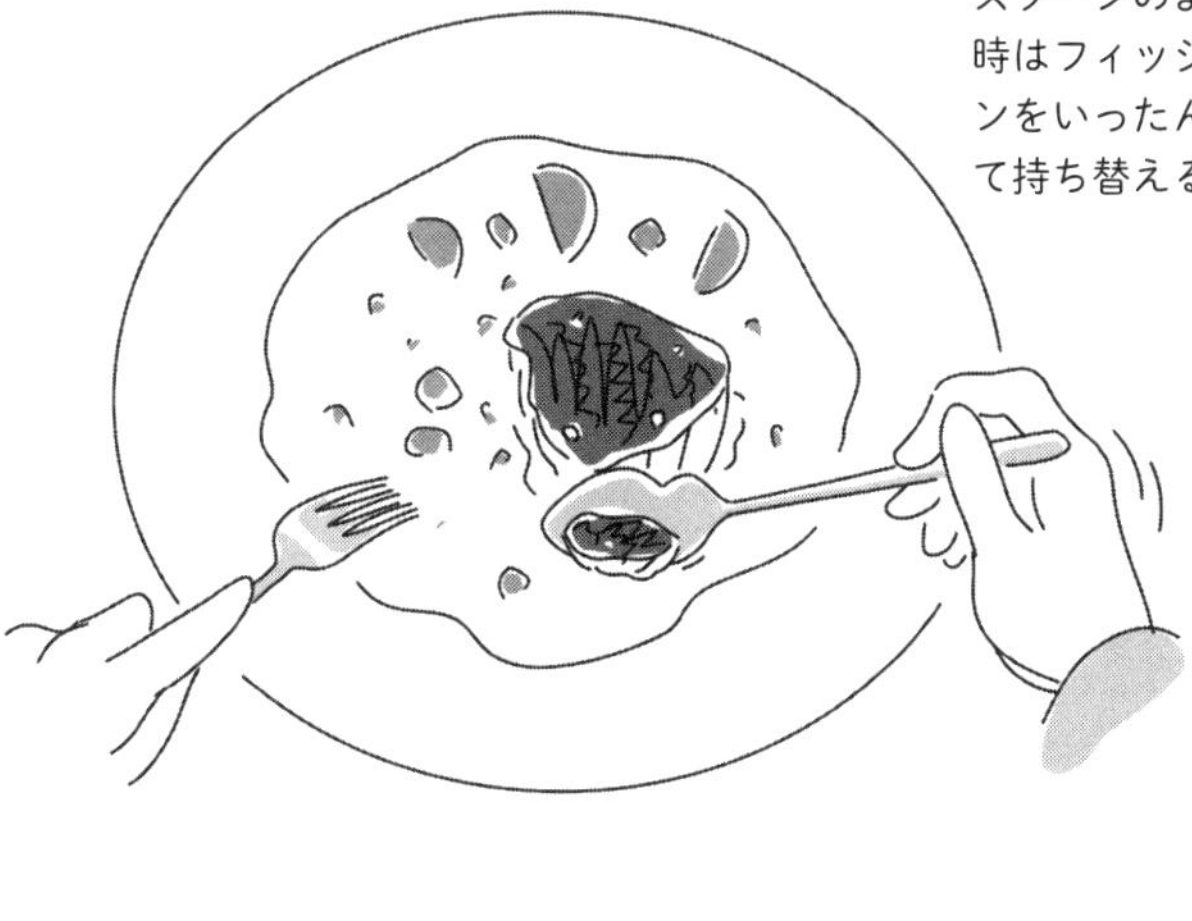

吸い物、味噌汁

椀物を飲む際、次の①〜③のうち、箸はどのようにしていますか？
①右手に持ちつつ、両手でお椀を支えながら飲む。
②箸置きに置いて飲む。
③お椀の中に箸を差し入れて飲む。
講演などで受講者の方に質問すると、①か②と答えられる方が多くいらっしゃいますが、正解は③です。①では箸先が他人に向きますし、箸先についた汁が落ちる可能性もあります。②は丁寧ですが、汁の中の具材が一気に口の中に流れ込んで火傷しそうです。

汚れた箸先をお椀の中へ入れて飲むのは、具材を抑える役目にもなりますし、箸先を隠すという日本の美意識にも適います。マナーは暗記ではありません。ただ「ナイフの向き」を記憶するのではなく、「気遣い」として自分ベクトルに置くことを理解すれば、箸先にも通じることがわかると思います。

では、箸とお椀のどちらを先に持ち上げるのでしょうか？　日本には、「三手で持つ」という丁寧に箸を持ち上げるための所作があります。ビジネス会食で、さりげなく三手で箸を持つ方がいると、それだけで教養を感じます。普段はあまり見かけないので、定食屋や居酒屋などでされると、かなり目立ちます。この所作だけで、品のよさをアピールできるかもしれません。

まず**箸の中央から少し箸頭の方を上から右手で持ち上げます。次にすぐに左手を箸の下に這わせて支え、右手を滑らせながら箸の下に持ち替えて箸を正しく持つ。**これが三手で持つ方法です。

次に、お椀と一緒に箸を持ち上げる場合です。この時はお椀が先になります。**右手で横からお椀を支えて持ち上げ、すぐに左手をお椀の底に添えます。左手で支えができたので右手をお椀から離し、先ほどの三手の持ち方で箸を持ち上げます。お椀を持っている左手の人差し指と中指で箸を挟んで、右手を箸の下へ滑らせます。**箸とお椀を置く際には、持ち上げる時の逆の手順を踏みます。

吸い物を飲む時は、三度味わいます。まずはお椀の蓋を開けて香りを味わいます。蓋は「の」の字を描くようにゆっくり開けて水気を切る「露切り」をすると、

箸を三手で持つ

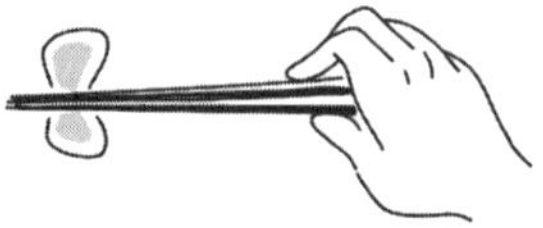

右手で箸頭の方を持ち上げる

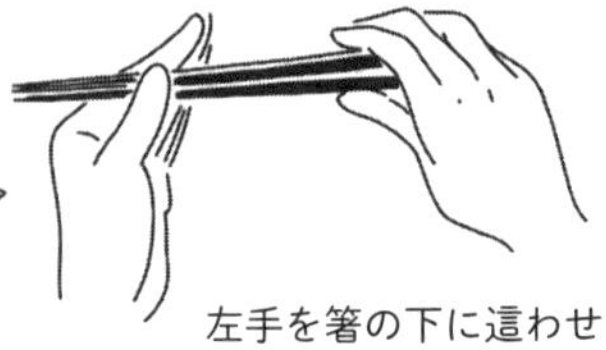

左手を箸の下に這わせて支える

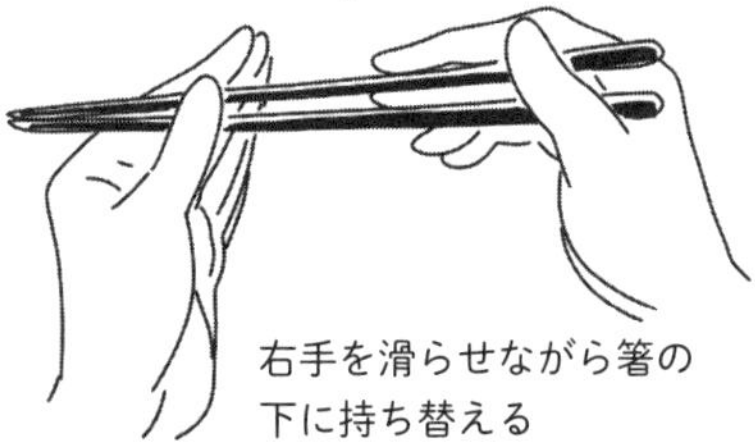

右手を滑らせながら箸の下に持ち替える

お椀と一緒の場合

右手でお椀を持ち上げ、すぐに左手をお椀の底に添える

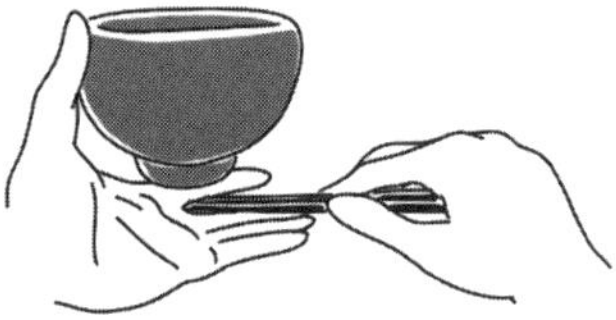

右手をお椀から離して箸を持ち上げ、お椀を持つ左手の人差し指と中指の間に挟む

右手を箸の下に滑らせて持ち直す

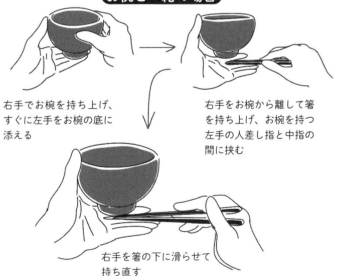

水滴がお椀の中に落ちてテーブルやお膳を汚しません。蓋は内側を上にしてお椀の右側に置きます。次に、汁を飲んで味覚で味わいます。そして最後に、飲んで鼻腔を通ってきた汁の香りを味わうのです。

この五感を使った繊細な飲み方をするのは日本人だけと言われています。ただ、現代人はもっと簡単な食べ方を好み、五感も鈍くなり、この飲み方ができる人も少なくなったと感じています。お椀は香りを愛でる料理ですから、蓋を開けるや否やズズッと飲んでは、作り手も会食相手もがっかりさせてしまうのです。

汁以外の中身を俗に「具」と言いますが、そのうち針のように細く切った針生姜や、1センチほどの香りの強い木の芽などの薬味を「吸い口」と言います。これらは噛まずに汁と一緒にスッと飲んで、喉で季節の香りを味わいます。ただ、うまく吸えないとむせて咳き込むことになるので、慣れないうちは無理に飲む必要はありません。

飲み終わったら、お椀の蓋は元に戻します。裏返しのまま戻してしまうと、塗りを傷つけるのでやめましょう。

5

ノイズキャンセルの法則

●食事のノイズは音だけではない

汚い食べ方は目線を向けなければ見ずに済みますが、うるさい音は耳栓をしながら食べるわけにもいかないので、どうにも避けられません。

食事中に人が耳障りと感じるノイズは様々です。お茶をすするズー、噛む時のクチャクチャ、ペチャペチャ、ナイフで無理矢理切ろうとした時のカッキーン、皿をナイフでこするキコキコ。

また、大きな笑い声、酔っぱらいの大声、子供の走り回る足音（家族が注意しないこともしばしば）、うるさい空調やまる聞こえの厨房の音、過剰なBGMなども。音だけでなく、女性の香水や男性の整髪料の香り、シチュエーションをわきまえない服装などもある意味ノイズです。心地よい食事を邪魔するものは、す

べてノイズと言えます。

ノイズを出している本人はわざとではなく、無意識のことが多いでしょうが、友人でもなかなか指摘しにくいので、身内が教えない限り本人は一生気づけないかもしれません。

ノイズを気遣える人はまわりを気遣える人

和食のお店でお椀を傷つけないために、女性は爪を伸ばし過ぎない、ブレスレットなどのアクセサリーを避ける、などもノイズキャンセルの1つです。しかし、老舗料亭の女将をされている方がおっしゃるには、**一番困るのは男性の腕時計**だそうです。言われてみれば手首はテーブルの縁に最も当たりやすい位置にありますし、男性用の腕時計は大きくて重いので、新しいテーブルもあっという間に傷がつくそうです。

ノイズの問題点は、当人ではなくまわりの人が迷惑なことです。**他人に不快な思いをさせていることに無頓着な人は普段の生活も大雑把**で、周囲の雰囲気を察知して振る舞うことが苦手なのではないでしょうか。自分の出す音に鈍感だけど、仕事では機敏な対応ができるとはなかなか想像しにくいもの。

あまり神経質になる必要はありませんが、場の調和を意識することは周囲だけでなく、自分自身も気分のよいものです。

肉料理の付け合わせ

ステーキやメインの肉料理についてくる付け合わせのガルニチュール。緑や黄色の野菜類を添えることによって、茶系色の肉料理を美味しく見せる優れた脇役です。

ステーキは左手前から対角線上の右奥へ向かって、一口ずつ食べる分を切って食べ進めます。最初に全部切ると、肉汁が出て冷めてしまって美味しさも半減します。男性は野菜の付け合わせを残す人も珍しくありませんが、栄養バランス面からも食べることをおすすめします。メインとガルニチュールを交互に食べ進め、同時に食べ終えるのが美しい食べ方です。

ガルニチュールは様々ですが、温野菜を使ったものも多くあります。最近はあまり加熱せず素材を活かす傾向にあるので、固くてナイフで切りにくいことも少なくありません。切った途端にナイフが皿へ一気にぶつかって、カキンッという金属音が出たりします。

この**解決法は「ゆっくり切る」**に尽きます。例えば、アスパラガスは丸くてコロコロ転がりやすいので、じっくりフォークを刺し入れます。その時、ナイフを壁にして刺すと転がりません。そしてナイフをテーブルに水平にして、前後にゆっくり動かすと、音もせずにスンナリ切れます。

また、かぶのソテーは繊維の流れに沿ってフォークとナイフを入れてスルッと切り、ソースをつけながら食べます。ソースとメインとガルニチュールの残量バランスを計算しながら食べ進めると、最後にソースだけを掻き集めるノイズを防げるでしょう。

アスパラガスをキレイに食べる方法

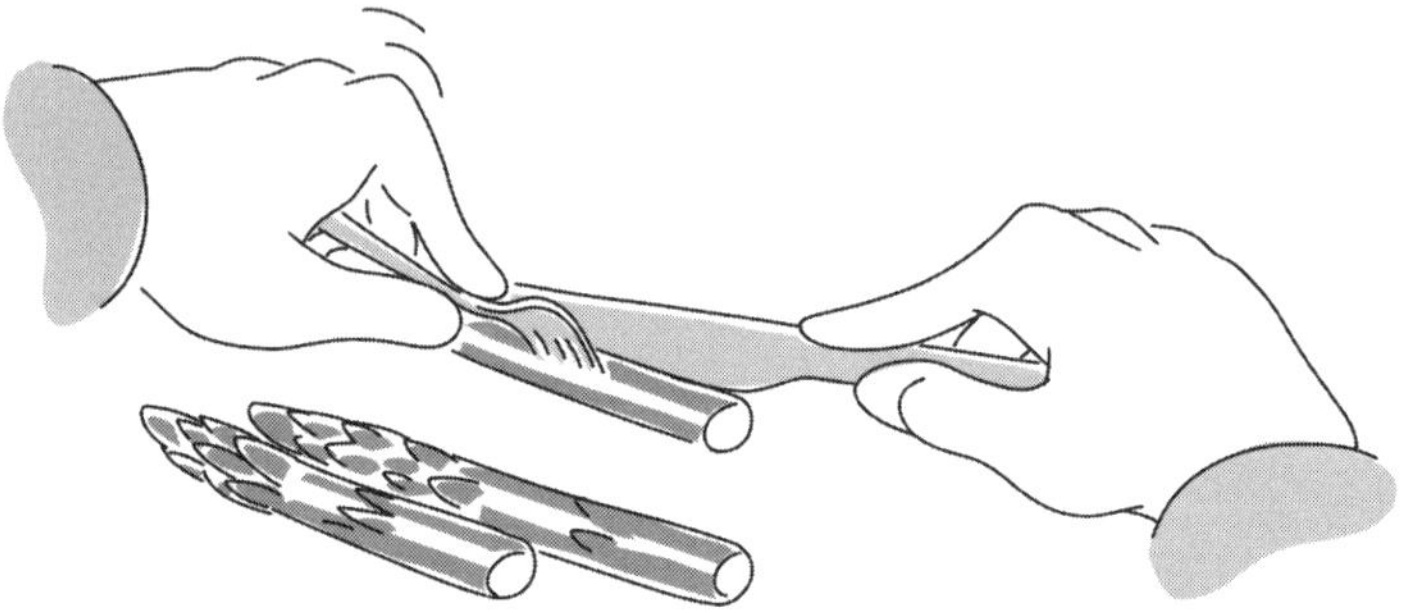

ナイフを壁にして押さえて、
フォークを刺す

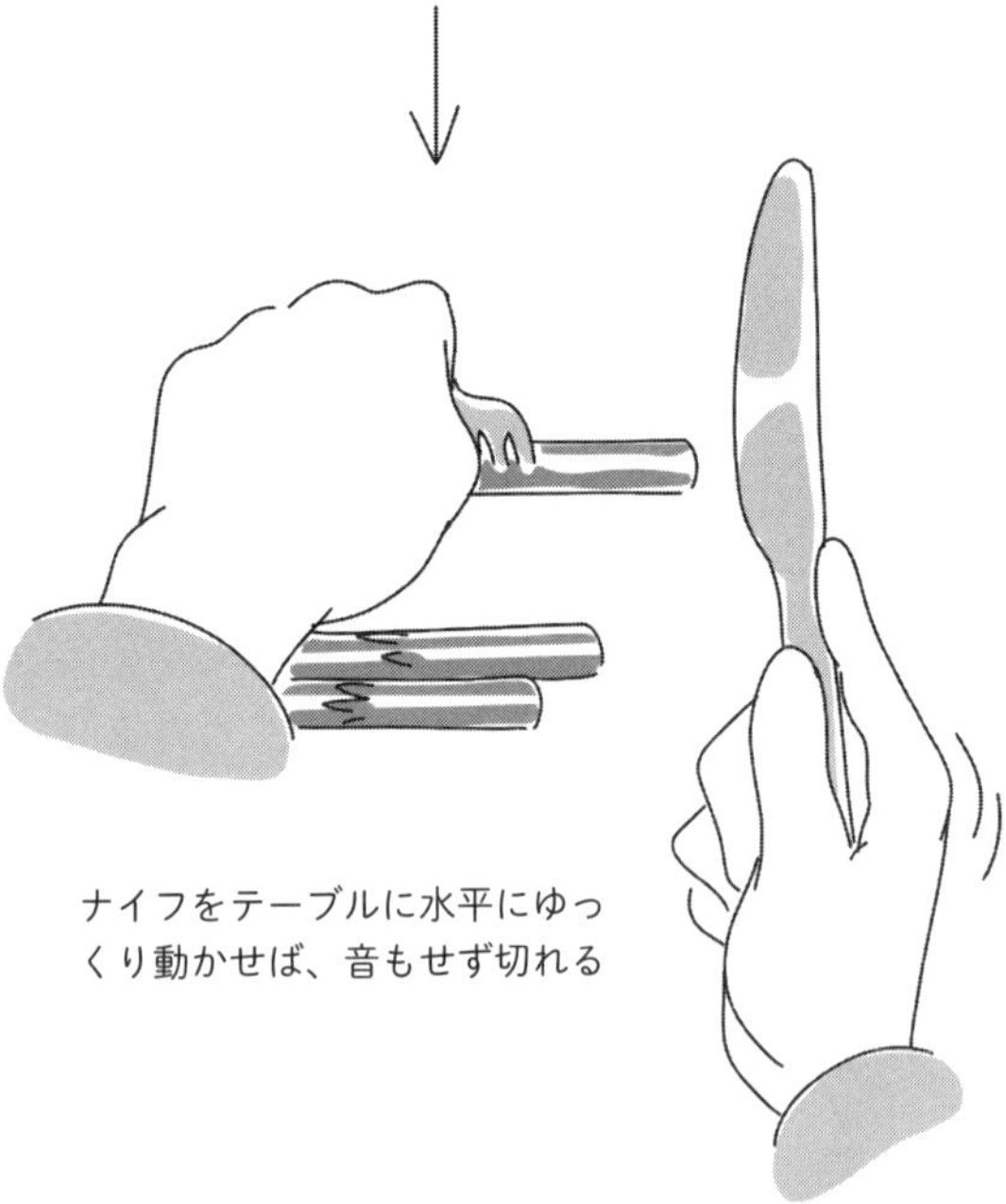

ナイフをテーブルに水平にゆっ
くり動かせば、音もせず切れる

スープ

音が出やすい料理の代表選手と言えば、スープでしょう。ズズ〜ッと吸い上げる音は西洋料理でタブーであることは知られているので、誰しも「自分は出していない」と思っているもの。マナー教室で私が「音が出ているので気をつけて」と指摘すると、だいたいの人が「え、まさか私ですか？」と驚かれます。

なぜ音が出るかと言えば、吸い上げているからです。これには、日本人がさじ状のものを使わずに箸だけで食事をしてきた影響があります。箸しかなければ、汁物料理は直接食器に口をつけて飲むしか道はないので、吸い上げる癖が表れるのでしょう。

英語では、スープは飲むのではなく食べる料理として「eat soup」と表現します。欧米では飲料とは確実に別ものと考えられているので、直接口をつけることはしません。食事中の音にはとても気を遣うので、音を立ててスープを飲むと、それだけで教養のない人だと判断されてしまいます。

あくまでも**スープは「食べる」と意識し、スプーンを口の上から流し入れるようにすると音は出ません。**スープを飲む時に音が出るのは、スプーンを口より下に位置させているからです。

平たいスープボウルに入ったスープは、空気に触れて比較的冷めている表面をスプーンでなぞるように飲みます。手前から奥に向けてすくっても、奥から手前にすくってもどちらでも構いませんが、現代では手前から奥の方が主流となっています。

スープの量が少なくなってきたら、親指と人差し指でボウルの手前を持ち上げて傾け、奥に集めて飲みます。もし手前にスープを集めたら、まるで「誰にもあげませんよ~」と言っているみたいなので、こちらの方が品がいいでしょう。傾けることで、スプーンがボウルにこすれるノイズを軽減させることにもなります。

「こぼさないように」と思うあまり、飲み切るまで下ばかり見ている人は案外多いものです。しかし、それではろくに会話もできない上に、猫背で自信がなさそうな人に見えます。スープはほぼ噛まずに食べられる料理なので、本来は途切れ

スプーンを口の上から流し入れるようにすると音が出ない

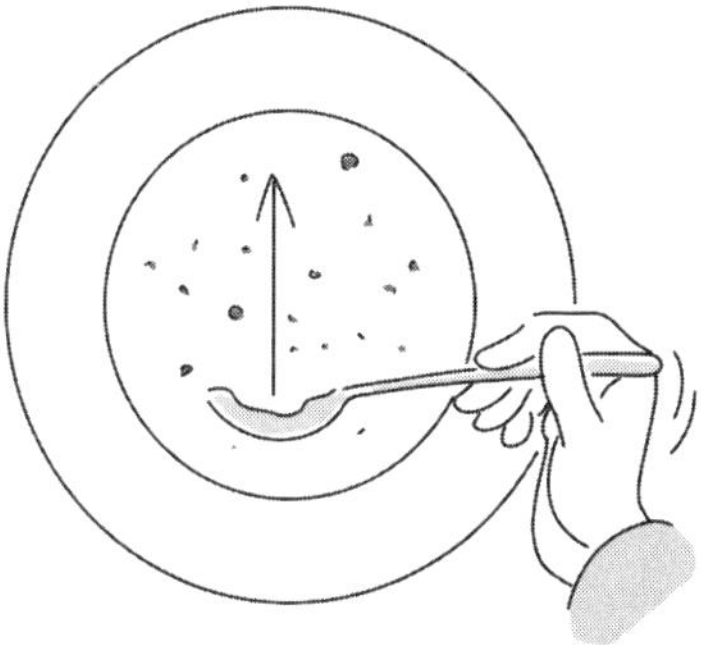

手前から奥に向けてすくう。少なくなってきたら反対の手でボウルの手前を持ち上げる

ることなく会話を弾ませられるのです。メインの前に空腹を解消できれば気分も和み、接待や商談の口火を切るタイミングとしてもおすすめです。

　スープをすくう時はこぼさないように下を見て、口に入れる時はしっかり顔を上げる。ぜひ、これを繰り返してください。

　ちなみに、器を持ち上げないのが西洋料理のルールですが、例外もあります。カップスープの場合はカップを持って直接口をつけて飲んでも構わず、スプーンは補佐役として使います。

6

絶景キープの法則

●キレイな食べ方はまわりへの配慮

美しく盛りつけられた料理は、その姿をできるだけ崩さないように食べ進めたいですね。それは美的センスの賜物というだけではありません。「美しい」と感じさせる〝バランス〟が完成するまでには、長い年月がかかっていることがほとんどです。例えば、何層にも重ねられて凝ったトッピングのスイーツや、美しい彩りの煮物椀などはシェフの想いが詰まった芸術です。

また、ご家庭でいただく焼き魚やスパゲッティなども、**盛りつけられた姿を可能な限り維持することは作り手への礼儀**だと思います。それは、一緒に食事する相手に対してのエチケットでもあります。絶景キープな食べ方は、自分以外の人々への配慮なのです。特にスイーツは嗜好品なので、できるだけ美味しそうな見た

目を残しながら食べたいですね。

イチゴのショートケーキ

まずは、定番スイーツを押さえておきましょう。「イチゴは最初に食べる派？最後に食べる派？」、子供の頃にそんな会話をした人もいらっしゃるでしょう。白いクリームの中に、アクセサリーのような真っ赤なイチゴ。

まず、セロハンを剥がします。**フォークの刃でセロハンを探るとかすかな段差のある「セロハンの端」がわかります。その端をフォークの刃で挟んで、クルクルとフォークを回してセロハンを取ります。**最後までフォークを垂直にキープし、ゆるくならないようにきっちりフォークに巻きつけるのがコツです。こうすれば、手を汚すこともありません。巻き終わったらそのまま皿の奥へ。

セロハンを剥がしたら、**ケーキの鋭角な部分から一口ずつフォークで切って食べ進めます。**イチゴは乗ったところまで進んだら食べるようにしましょう。最初にイチゴをパクッと食べてしまうと、穴の空いた寂しいケーキになってしまいます。逆に最後まで取っておこうとして、四方から攻めるように食べると、同席者はフォークの跡だらけのケーキを目にすることになります。できるだけケーキの凛とした姿を保ちましょう。

食べ終わったら、敷いてある銀紙で汚れたフォークの歯を隠すように畳みます。

できるだけ小さく畳んだ方が気遣いを感じさせますが、あまり小さくすると神経質に思われるので、二つ折り程度でいいでしょう。

絶景キープが難しいのが、フレンチレストランのデザートや有名パティシエのケーキです。上からフォークで押さえた時にグシャッとつぶさないためには、垂直にフォークを刺したら横に倒してケーキの下方へゆっくり切るのがポイントです。また、飾りの板チョコやヌガー、ビスケットなどは、ケーキ本体とともにいただくと手づかみにならずにすみます。

セロハンをフォークで
巻きつけて剥がす

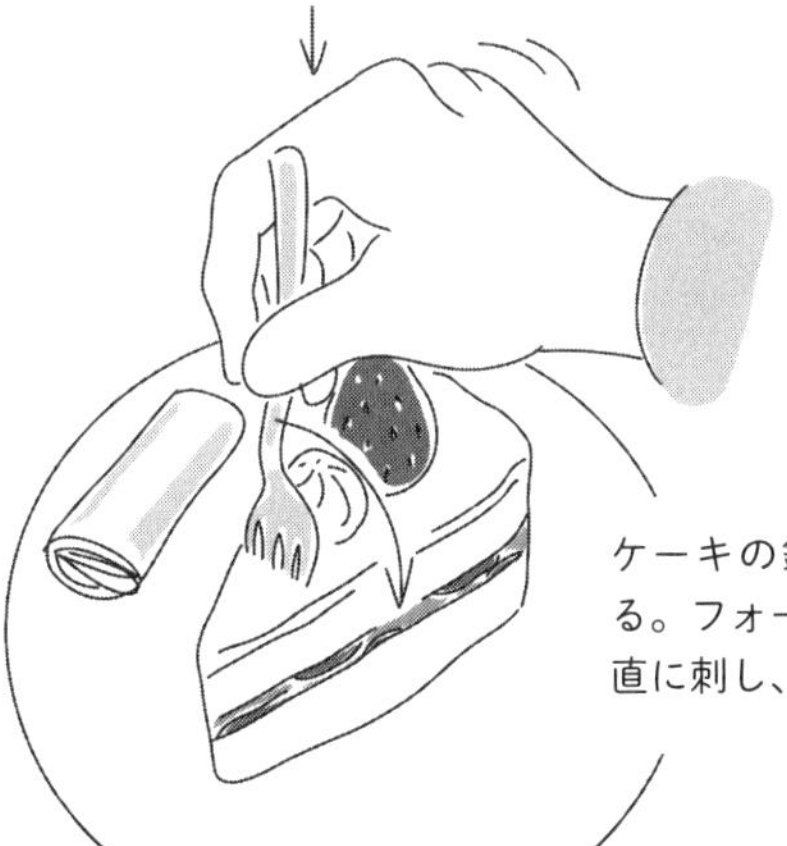

ケーキの鋭角部分から食べ始める。フォークの先端をケーキに垂直に刺し、横に倒して切る

グルメバーガー

ファストフードではない、お皿に乗せて出されるハンバーガーは、以前からホテル内レストランでは提供されていましたが、近年は専門店も続々開店して話題になっています。ハンバーガーは大口を開けて頬張るのが醍醐味ですが、ナイフとフォークがサーブされていたら、お店側の「これを使って食べてください」というメッセージです。店の意向を汲み取ってカトラリーを使って食べるのが客のたしなみでもあります。カトラリーを使う食べ方と、手づかみで頬張る食べ方の両方を、TPOに応じて使い分けられるのが成熟した大人と言えます。

俗に「グルメバーガー」と称されるカトラリーを使って食べるハンバーガーは、中央にピックが刺さった状態でサーブされることがほとんどです。**まずは、そのピックを少し後方にずらして刺しましょう。とても厚みがある場合は、上から手でバンズを軽く押さえます。**この動作によってソースとバンズとパティがなじんでバラバラになりにくく、また美味しく食べやすくなります。あまり強く押さえてしまうと、せっかくのバンズがつぶれて絶景キープや食感を損ねてしまいます。

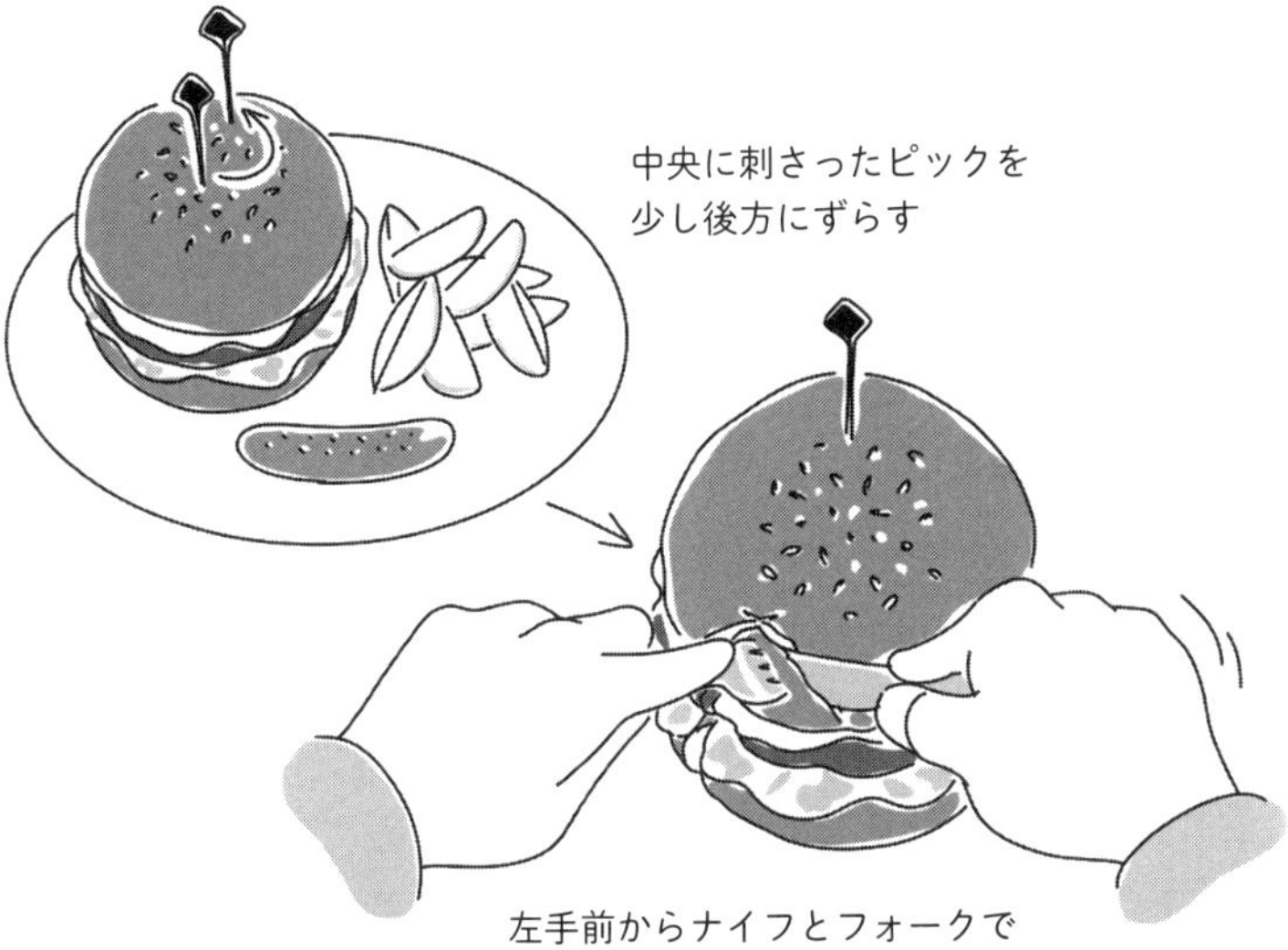
中央に刺さったピックを
少し後方にずらす
左手前からナイフとフォークで
一口ずつ切り分けて食べる

あくまでも軽く。

次に、**左手前からナイフとフォークで一口ずつ切り分けて口に運びます。**しっかりフォークを刺すことでピックの役目も担い、安定して切り分けられます。後方に向かって食べ進めるごとに、最も安定する位置にピックをずらすのがポイントです。途中で中のソースがはみ出してきたら、ナイフでバンズになじませるようにします。最後までお皿を汚さず、ベタベタに手を汚さず食べ切れると、達成感があるものです。

付け合わせにピクルスがあれば、口直しにいただきます。ポテトがついていれば、バンズからこぼれたソースにつけて食べてもいいでしょう。

カジュアルに手づかみで食べるハンバーガーでも、絶景キープは必要です。ガブッと頬張ってもソースが垂れたり、中の具材を落とさずに食べたいですね。

まず食べる前に、バンズからパティなどの具材がはみ出ていない部分が下側になるようにします。これが絶景キープのポイントです。手に持って食べ進めるうちに、ソースや具材は徐々に下方へ落ちてきます。具材は完全に中央にあるとは限らないので、具材が見えている部分から食べましょう。

次に、ハンバーガーの下側を少し指を広げてしっかり持ちます。指をピック代わりにして支え、しっかりと前歯で噛み切りましょう。一口かじったら、その両隣りをかじる要領で食べ進めます。

7

エンディング美の法則

●10割実現させたい気持ちのいい食べ方

食後のお皿の上が洗練されている人は、「日頃から戸棚も整理整頓されていそう」「仕事も最後まできちんと確認していそう」などと想像できるものです。食べ終わりの状態と生活習慣や仕事ぶりがどれだけ関係するか、調査したわけではありませんが、ともに食べた相手に想像させるという事実だけでも、既に〝連動〟していると言えるでしょう。

食後の皿の上の〝洗練〟は、魚の骨や頭、果物の皮など食べなかったものをひとまとめにするなどの気遣いで実現します。人間は自分の行動に対して7割できれば満足する人もいれば、9割できなければ満足しない人もいます。どこに合格ラインを引くかは人それぞれですが、食べ終わりに関しては可能な限り10割を目

指しましょう。エンディング美まで配慮された皿は、料理を作った人、お皿を下げる人も気持ちいいもの。「また来てほしいお客」と思われることは明らかです。

●手順をイメージして食べ始めよう

よく「終わりよければすべてよし」「結果がすべて」などと言われますが、決して終わり以外はどうでもいいという意味ではなく、最後に笑えるように全力を尽くせば後悔しない、といった意味で私は解釈しています。もちろん食べ方も同様ですので、最後だけ帳尻を合わせればいいわけではありません。むしろ、自然によい食べ終わりになるような進め方が大切です。

何となく食べ始めるのではなく、普段から頭の中で手順を想定してから食べ始めてください。自分と向き合って、「昨日は少し食べ過ぎたので、申し訳ないけれど○○を2口分残して右奥にまとめよう」「□□をこの角度で食べ始めれば、最後までソースも美味しく食べられそうだ」などなど。計画性を持って食べ進めることなくして、美しいエンディングはやって来ないのです。

ちらし寿司

ちらし寿司は見た目の華やかさによって、よりいっそう美味しく見えるもの。グルメリポーターの方に「宝石箱や〜」と表現されたり、海外の方に「ワンダフル！」と評価されたりする魅力的なメニューの1つです。その華やかさをできるだけ活かして食べるのがポイントです。

例えば、牛丼やうな重などの丼ものを食べる時、ほとんどの人がマナーを考えていないように思います。パクパク食べ進めて、最後はどんぶりの内側にご飯粒がポツポツとへばりつき、キレイなエンディングを迎えにくい料理です。箸で一粒ずついただくと時間がかかるので、直接口をどんぶりにつけてガッガッと食べる男性も多いと思います。ただ、それはキレイな食べ方とは言い難いでしょう。これでは、ちらし寿司でエンディング美を迎えられません。

ちらし寿司は、**左手前から右奥の対角線上に箸を手順よく進めます。刺身を取って醤油につけて食べ、その後にご飯を食べる。**刺身は醤油をつけた後にご飯と一緒に食べても構いません。最初にちらし寿司全体に醤油をかけると、刺身の彩り

左手前から右奥の対角線上に食べる。刺身を取って醤油につけて食べる

食べ終わったら箸は箸置きに戻す。割り箸は箸袋に戻し、一角を折り曲げる

がくすみ、またどうしても塩分過多になりがちです。健康面からも、一口ずつ醤油につけるのがおすすめです。

ご飯を箸ですくい上げる時、器の内壁に沿って持ち上げるようにすると、最後までコメ粒を置き忘れずにすみます。常に器の内側を目指して、箸で〝掃除〟しながら食べるのです。

食べ終えたら、箸は箸置きに、割り箸の場合は箸袋に入れるといいでしょう。その際、箸袋の一角を折り曲げておくと使用したことが一目瞭然になり、「美味しくいただきました。ごちそうさま」という意思表示になります。

シジミ汁（蓋つき）

シジミ、アサリ、はまぐりなど貝の入った汁椀は、吸い物にしても味噌汁にしても出汁が効いて美味しいもの。シジミは味だけでなく、豊富に含まれるオルニチンというアミノ酸が肝機能を保護する働きをし、アラニンやグルタミンがアルコールの代謝を促すので、二日酔いにも効くと言われます。

以前、あるテレビ番組で「シジミ汁のシジミは食べるべき？」という質問に回答する専門家として出演したことがあります。栄養面から言えば、シジミの栄養成分は汁の方へほとんど溶け出しているので無理に食べなくても構いませんが、「食べ物は残さない」という視点からはなるべく食べた方がいいでしょう。

貝殻から歯で身を取るのはＮＧなので、面倒でも箸を使って地道に外します。**蝶番のところに箸を入れて身を挟み、手前に引っ張るように箸先を移動させる**と取れます。この時、少し箸先をひねるようにしながら動かすのがコツです。アサリやはまぐりの場合は、しっかりと身がついているのでもっと取りにくいでしょう。なお、**左手で濡れた貝を押さえるのは、汁に指をつけることと同じですので**

蝶つがいに箸を入れて身を挟み、手前に引っ張るようにする。左手で貝を押さえるのはＮＧ

避けましょう。

また、お椀の蓋はごみ箱ではないので、身を食べた後の貝を蓋の上に乗せるのはＮＧです。一緒に食べる人に対しても見苦しいことです。**貝に限らず、海老の尾や鯛の骨など食べなかったものはお椀の中に入れたままにしておきます。**食べ終わったら、蓋は元に戻しましょう。

小倉朋子の
食事七則　まとめ

1. フェイス・トゥー・フェイスの法則

誰かと食事をする時は、
相手の顔を見ながら食べる。
顔を上げれば心も上がる。
疲れている時こそルックアップ！

2. 指先フォーカスの法則

料理を食べる手先の動きは心を映す。
指先にまで神経を行き渡らせる
ゆとりを持とう！

3. 一口サイズの法則

自分の一口大を知れば、
会食のコミュニケーションでも役立つ！

4. 自分ベクトルの法則

カトラリーの先端を自分に向けられる人は
他人に配慮ができる人！

5. ノイズキャンセルの法則

食事でのノイズに気遣える人は周囲の
雰囲気を察知し振る舞うことできる！

6. 絶景キープの法則

盛りつけられた姿を
可能な限り維持することは
作り手への礼儀！

7. エンディング美の法則

キレイな食べ終わりを
想定しながら食べられる人は
きっちりとした計画性の持ち主！

第3章
一流のビジネスパーソンとして知っておきたい「食」の教養

ハイパフォーマンスを生む一汁三菜

●たまらなく面倒な一汁三菜

一汁三菜《いちじゅうさんさい》はご飯に合わせた和食の基盤となる食事形態です。1つの汁物に、3つのおかず類という意味で、これが一回分の食事となります。ご飯は表記されていませんが、必ずつくことが前提です。パンもパスタもない時代、コメは食事の柱でした。会席や懐石は、この一汁三菜を基本として発展したものです。

三菜はメインディッシュの主菜に、副菜、さらに小さな惣菜の副々菜を指し、内容は献立ごとに変わります。副々菜は和え物や酢の物などの小鉢が多くなります。主菜は概ね決まっていて、刺身、焼き魚などの焼き物、天ぷらなどの揚げ物です。その間に位置するのが副菜で、煮物などになります。

最近は一汁三菜という言葉自体が日常生活であまり使われないので、聞いたこ

一汁三菜

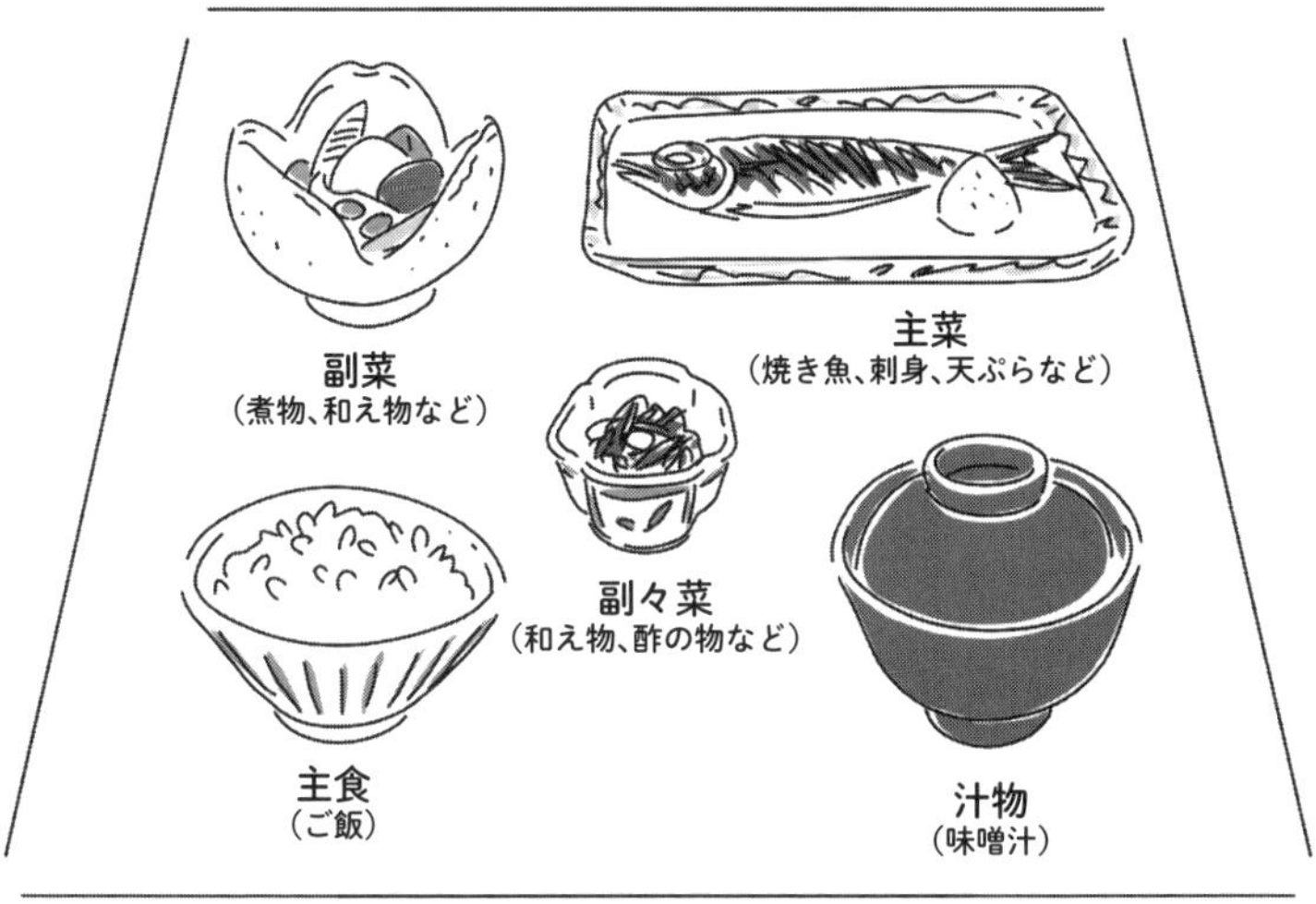

とがない人も珍しくありません。たとえ聞いたことがあっても、意識して食べていない人がほとんどではないでしょうか。

それは、面倒だからでしょう。そもそも、料理の品数分の食器を用意しなくてはいけません。和食は世界では珍しいことに、メニューごとに器を使い分けます。飯椀は形だけなら汁椀と兼ねられそうですが、熱い汁を入れると持ちにくい陶器なので兼ねられません。中国料理も和食同様に飯碗でご飯を食べますが、ほかにも多くの役割を担います。どの料理もずっと食器は一律。形も色もシンプルなものが多いので、重ねて整頓できて合理的でもあります。

それに対して、和食の場合は刺身は刺身皿、煮物は煮物鉢、さらに茶碗蒸専用の食器や蕎麦猪口、珍味入れなど細分化されていて、どれも形が一律でないので、重ねて戸棚にしまうこともできません。多くのスペースが必要で、食器洗浄機対応でない器も多く、扱いも簡単ではありません。一汁三菜分の皿を出すのが面倒と思う人は多数います。

また、食べる際は食器を持って一口食べ、次の料理に移る時はまた別の食器を持ち上げる、と丁寧な動作が求められるので、ゆとりある食べ方をしなくてはなりません。それより大皿に盛って取り皿で取り分けたり、ワンプレートで食事をササっと済ませたりする方が数段ラクチンです。忙しい時には食器をたくさん用意したり、その分のおかずを考えたりするのも面倒でしょう。

●一汁三菜のヘルシーメリット

ただ、一汁三菜は習慣づけるとそれほど面倒ではありません。それどころか、この食事形態は私たちが健康的な生活を送るために活かせるのです。増え過ぎた体重を無理せず落とすためには栄養バランスを考えて食べる必要がありますが、1つひとつの食材や料理の適量、カロリーを覚えるのは困難です。ついダイエットサプリに頼ったり、炭水化物を抜いたりなど、「これだけやればいい」という一点方式に頼りがちです。しかし、**一汁三菜を毎食意識することで、栄養素の知識が特になくても最低限の栄養バランスが整いやすくなります。**これは和食に限らず、洋食にも当てはまります。

例えば朝食なら、ご飯の代わりにトーストにして、味噌汁の代わりに牛乳やスープ、コーヒーなどにします。3つのおかず類はハムや卵などのタンパク質に、サラダやキノコ類、くるみなどのナッツ類と、チーズやヨーグルトなどのカルシウムを加えればいいのです。極端に言えば、ハムは一枚だけ、野菜はキュウリやニンジンなどをスティック状に切るだけでも構いません。トーストを焼いている間に用意できるでしょう。本当は食器も分けるのがベストですが、難しければトーストの上にハムやサラダを乗せて、オープンサンドにすれば食事時間も短縮できます。とにかく**「毎回3種類のおかずや野菜を食べる」と決める**だけでいいのです。

私はダイエット・コンサルタントもしていますが、一汁三菜を意識した食生活に変えたことで、クライアントは健康的に2か月で3キロ痩せられました。ほかにも「肌質が改善した」「疲れがとれるようになった」「お腹の調子がスッキリした」「風邪をひきにくくなった」など、驚くほどのメリットもあったそうです。

昔は一汁三菜は身分の高い人だけの贅沢で、庶民は一汁一菜（または一菜）だったそうです。対して、現代人は食べ過ぎで栄養過多な反面、一種類の料理でお腹を膨らます傾向にあるので必要な栄養素が不足しがちです。一品あたりの量を少なめにして応用を利かせた上で、一汁三菜の品数を目安に食べるようにしましょう。夕食を食べ過ぎたら、朝食は少量にすればいいのです。一汁三菜を意識するだけで、日頃から栄養バランスに敏感になれます。日々の食事を気にかけることは、生活習慣のコンディションを上げることにもなるので、仕事力を引き上げることにもなるでしょう。

一汁三菜で心を整える

●一汁三菜はどこに何がある？

面倒と思われがちな一汁三菜ですが、実は合理的な面もあります。しかも、合理性とは裏腹なイメージの思いやりの精神も背景にあるのです。

最近では、和食店のスタッフですら「ご飯は左で、汁は右」という一汁三菜の配膳位置の基本を知らないことも珍しくありません。例えば、雑誌などで紹介されている料理の写真などは、メインディッシュをバーンと目立たせるために、ご飯や味噌汁が奥に置かれていたりします。食の大切さを伝える食育関連の本や雑誌、官公庁発行のパンフレットでご飯と味噌汁の位置が逆になっているのを見つけた時は、さすがに「それはマズイ」と思って連絡したこともあります。このように、配膳位置はあまり配慮されなくなっているわけです。

「別に人に迷惑をかけているわけではないし、置き場所が左右違ったところで問題はないだろう」というご意見もあるかもしれません。ごもっともですが、食事の決まりごとにはすべて理由があるものです。

食器の場所と食べ方には連動性があります。ご飯は左手で食器を持って口に入れる頻度が最も高いので、手に取りやすい左手前に置きます。そして、ご飯とセットで味噌汁を右手前に。汁物は奥に置くとこぼしやすいので、手前の方がいいでしょう。

一汁三菜の置き場所は、食のプロと言われる人でもほとんど知らないのが現実です。間違えて中央に置かれることが多い**メインディッシュの正式な位置は右奥です。** 刺身やてんぷら、焼き魚、煮魚がこれに当たります。なぜなら、**この皿だけは一汁三菜で器を置いたまま食べるので、右手の箸を斜めに伸ばさずつまめるように右奥へ置くのです。** さらに、**手に持って食べる煮物などの副菜は左奥、中央に最も小さな食器の副々菜を置きます。**

なぜ副々菜は中央なのでしょうか？　ここで最初に申し上げた日本人の思いや

りの精神が関係してきます。副々菜は香の物や酢の物など地味で主役になりにくい惣菜です。香の物を見て「わ〜、沢庵の漬物、テンション上がります〜」などの言葉はまず聞きません。実際、残す人は少なくありません。しかし、副々菜には野菜や豆類などカラダをアルカリ性に戻す助けになる食材がよく使われています。ですので、相手の健康を気遣い、食べ忘れられないように一番お膳の中で目立つ場所に置くのです。栄養学が確立していない時代でも、先人は栄養バランスを体感や経験で熟知して、もてなしに用いたのですね。

神様とつながるための聖なる道具

忘れてはいけないのが箸の場所です。正式には、一番手前の位置に箸先を左に向けて横一文字で置きます。この置き方は日本だけで、ほかの箸食の国では別段こだわりません。概ね縦置きが多く見られますが、これは片手で取りやすいためです。例えば中国では大皿に箸を伸ばして食べる習慣なので、縦置きの方が理屈に合っています。日本もテーブルコーディネートのアレンジで縦や斜めに置くこともありますが、一汁三菜の定式はあくまで手前に横一文字です（この理由を文献で探しましたが、見つかりませんでした。いろいろと考えた私なりの結論で恐縮です）。両手で丁寧に箸を持ち上げる「三手で持つ」という所作も、縦置きではできません。また、日本の食器は飯椀や煮物椀など高さのある器が多いため、手前での横置きは、口をつけて汚れた箸先を食器で隠して他人に見せない置き方なのです。

日本の箸はもともと人間のためではなく、神様に供えるものを手づかみしないための神聖な道具でした。箸の向こう側の神様の世界と、箸の手前の人間の世界を分かつ境界線という説もあります。箸を持ち上げることで神様の世界とつながり、箸を通して神様の食事をともにいただくことができるという考え方です。それだけ箸や食事を敬う気持ちをもって食べていたわけです。誇り高い食べ方は誇り高い生き方をつくるのです。

●日本人にしかできない口中調味

一汁三菜の食べ方は、まずご飯を一口、飲み込む寸前に塩気のあるおかず類や味噌汁を入れて、口の中で混ぜ合わせて味を調整します。これを「口中調味」と言います。実はこの食べ方ができるのは日本人だけと言われ、「だから日本人は世界で一番味覚が優れているんだ」と知人のフランス人から言われたことがあります。

塩気のある食材を味つけのないご飯と合わせて噛むことで、唾液が出ます。この唾液とご飯が合わさり、双方に含まれるでんぷん消化酵素のアミラーゼを出しておかずの塩分である塩化ナトリウムをある程度緩和させるのです。ですから、飲み込む時にはしょっぱさが多少薄れた状態で胃腸の中に入ります。

これはフランス料理などでは全く考えられない食べ方です。フレンチではスープ料理を飲む時はスープだけ、魚料理は魚だけ、肉料理は肉だけを食べます。パンを合わせることはあっても、あくまでも「口直し」の役目です。口の中に残った肉の脂や匂いを取るためで、一汁三菜でいう主食の概念とは違います。

しかし近年では、この口中調味ができない人が増えています。若い世代だけでなく、30代後半の方でも少なくありません。一汁三菜の食べ方に慣れていないからでしょう。例えばハンバーガーなどは主食と主菜、副菜が一気に口に入ってきます。丼物や具だくさんのラーメンで一食を終えることも少なくありません。

中には、一汁三菜を出されても食べ方がわからず戸惑う子供もいます。一品だけを食べ続けて、最後に白いご飯だけを残して「味がないから食べたくない」と言ったり、一度にバランスよく食べることができないのです。和食の献立の基本が忘れられがちな現代において、影響はかなり大きいでしょう。

一汁三菜を定位置に置くだけで食卓に秩序が生まれ、凛とした気持ちになります。こんな簡単な方法で、心を整えることに役立つのです。

和のおしぼり、洋のナプキンの使い方

●おしぼりとナプキンは似て非なるもの

最近は軽くて使い捨ての便利なウェットティッシュに取って替わられ、以前よりもおしぼりを見かける機会が減りましたね。ラクチンではあるものの、利便性と引き換えに心の通い合いは乏しくなったとも言えるでしょう。それだけに、カジュアルなお店でも適度な温度できっちり絞られたおしぼりを出されると感動します。そういうお店は、その後の料理やサービスにも期待がもてます。人様のご自宅でも同じです。おしぼりには、もてなす側の姿勢やコンセプトが表れるのです。

では、ナプキンはどうでしょうか。同じように食事中に手や口を拭う布として使っているかもしれませんが、実は両者は全く違うものです。

本来、おしぼりは食前だけに使用し、食中は下げられるものです。そこには、神事にともなう日本人ならではの精神性が込められています。**食前の除菌のためのの「手拭き」というよりも、むしろ「身を清める」ため**だったのではないかと思います。もともと、日本人にとっての食事は西洋とは異なります。ただお腹を満たすものではなく、神様のお食事のお裾分けと考えられていました。

私は神社の参拝の前に手を清めることと、食前におしぼりを使うことは精神的には相通じると思っています。客人をもてなす気持ちを込めて、温かいおしぼりは火傷をしない熱さで、冷たいおしぼりはギンギンに冷やして心地よい状態で出すのがプロです。ですから、おしぼりを出されたら、すぐに使用するのがエチケットなのです。

かたや西洋のナプキンは食事中ずっと使用します。食中になくてはならない存在です。**ナプキンの主たる意味は、料理を提供する側と食べる側のコミュニケーションツールです。**膝の上に広げると「料理をいただく準備ができました」、食事中にやむを得ず中座する際に椅子の上か背もたれに掛ければ「戻ってきます」

ナプキンを使った合図

膝の上に乗せると、「料理をいただく準備ができました」の合図。

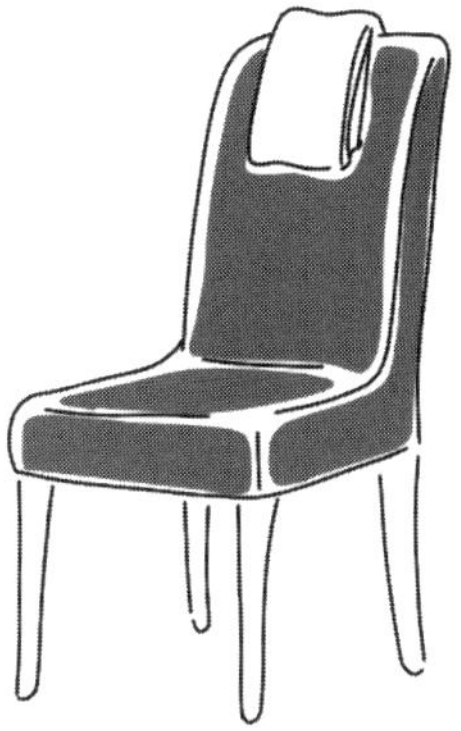

やむを得ず中座の場合は椅子の背もたれか、上にかけると、「戻ってきます」の合図。

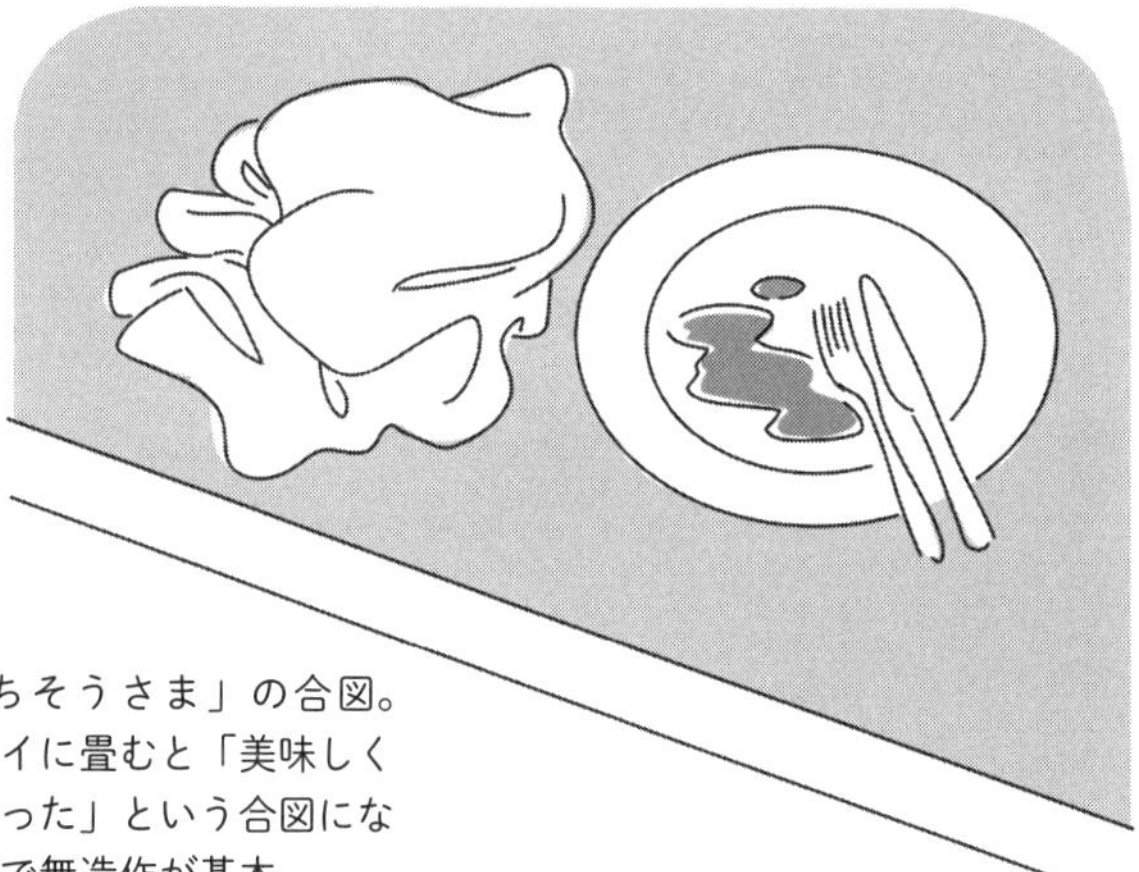

「ごちそうさま」の合図。キレイに畳むと「美味しくなかった」という合図になるので無造作が基本。

の合図になります。

また、テーブルの上に置けば「ごちそうさま」の合図なので、お店側は皿を下げて次の客を迎えるテーブルの準備をしても構いません。キレイに畳むと「あまり美味しくなかった」という合図になるので、本来は無造作で結構です。ナプキンは言葉に出さなくても客の意思を店に伝え、満足度まで表現できる布なのです。

ちなみに、フォーマルな場ではナプキンは白一色が正当です。宮中晩餐会では必ず白色で、ダマスク織りのものが正当とされています。

●おしぼりとナプキンのタブー

以上のように、おしぼりとナプキンでは使う用途は異なります。同じ「手拭き」であっても、おしぼりは手の平も手の甲もまるごと拭きますが、ナプキンは指先だけに留めます。神聖なおしぼりでは汚れた口を拭ってはいけませんが、ナプキンは構いません。

両者ともにタブーなこともあります。たまに額や首の汗を拭いている殿方を見

額や首の汗を拭いては
いけない

テーブルの水滴や汚れを
拭いてはいけない

かけますが、これは持参のハンカチで拭くのが当然のエチケットです。また、テーブルに水滴や汚れがあると、つい拭ってしまいたくなりますが、これもNGです。どちらも台拭きではありません。特に日本の女性はキレイにしたくなる人が多いと思いますが、気を付けたいものです。

　おしぼりもナプキンも消耗品なので、コストもそれなりにかかります。最近はおしぼりを出すお店の減少とともに、布製ではなく紙製のナプキンを用いる店も増えてきました。

　日本を旅行した外国人からは、「おしぼりのおもてなしに感動した」との感想をよく耳にします。時代とともに変わるおしぼりとナプキンですが、その背景にある文化を知るとともに、使い方をきちんと理解しておくことも国際社会のコミュニケーション力の1つと言えるでしょう。

知っておきたい
食具、器と食べ方の関係

●フォークで食べるカレーは味が違う

私は子供の頃から、食に関するいろいろな実験やアレンジを繰り返してきました。学生時代にも、「カレーは箸だとどのくらい食べにくいのか？　フォークだったら？」と試したことがあります。◯ページでも触れましたが、食感がスプーンとは明らかに異なり、味わいが違って美味しいのです。

このように、食具、器と食べ方の関係はとても興味深いものです。今ではテーブルマナーの代表格とされているフランス料理も、16世紀にイタリアのカトリーヌ・ド・メディシスがフォークを持ち込んだことによって画期的に変わりました。フォークが伝わる以前のフランスの食事は手づかみだったと言われます。

●完全箸食ゆえに生まれた器と所作

本来、**日本は箸だけで食事を完結させる唯一の国**です。アジア圏を中心に世界の約3分の1の人口が箸食ですが、ほかの国はスプーン状のものを併用します。**食器を持ち上げて口元に近づけて食べるのが美しい所作とされるのも、世界で日本だけ。**他国でそれをすると、〝犬食い〟のようにはしたない行為となってしまいます。箸だけだと、食器を置いたままでは口元に入れるまでの距離が長くこぼしてしまいます。ですから食器がスプーン代わりにもなっていて、器に直接口をつけて汁物を飲みます。中国では散蓮華《ちりれんげ》という陶製のさじ、韓国ではスッカラという銀製の長いスプーンを使って汁物を食べるので、正式には食器は置いたままです。

茶碗はほかのアジア圏でも使用しますが、形は似ていても手に持ってみると明らかに日本の食器との違いを見つけられます。日本の茶碗は手に持つので軽く、手になじむ形。さらに、糸底(底の部分)がサラッとして持ちやすく滑りにくくなっています。そして、口をつけてもさしつかえないように口触りがいいのです。特に、汁物の器は縁の部分が厚くありません。そのため口をつけて飲んだ時に、器の厚みを気にせず美味しく汁が飲めます。器と料理がベストバランスで口になじむ時、私はとても幸福な気持ちになります。

また、手に持つことを想定していませんから、ほかの国では汁物の器の材質は中国は陶製、韓国は陶製や石製などです。一方、日本は火傷しないように木製です。日本の器の糸底はある程度大きく作られているので、そこを持てば火傷もしません。下皿（ソーサー）を置かなくてもいいようにできており、テーブル（膳）にも傷がつきません。

左手で器を持ち上げていただく所作は、凛として見えます。それだけでなく、食器の特性を尊重した「扱い方」で食べることを繰り返して習慣づけることにより、仕事をする上での利点につながると思います。作業や企画の細部にまで神経がいくようになったり、目的やその人に適した対応をする意識も上がるでしょう。

箸使いが美しい人は丁寧な仕事をする

●キレイな箸使いはエグゼクティブの指標？

日本食の人気が諸外国でも定着しつつある現代、箸が正しく使える外国人の方は珍しくありません。箸について執筆や講演をするようになって20年ほどになりますが、この5年くらいで急激に和食の認知度が広まったと感じています。ニューヨークの知人曰く、「ニューヨーカーの間では箸を正しく使えるかどうかが、エグゼクティブかどうかの指標の1つになっている」とのこと。表舞台に出る大御所のハリウッドスターの方々は、ほぼみなさん扱えるようです。

かたや日本人はというと、正しく箸を扱える人は成人で約2割弱の印象です。そんな状況を危惧してか、入試や入社試験に箸を持たせる学校や企業もあるほどです。一見、学生や企業人としての資質や優秀さとは無関係のようですが、あながちそうでもないのが箸。たかが箸、されど箸なのです。

箸のルーツは中国からと言われていますが、定かではありません。約1400年前に小野妹子が遣隋使として隋に渡った際に、歓待の宴会で中国の人が箸を使用していたことに衝撃を受け、聖徳太子に伝えたとも言われています。

しかし、その後も大衆はしばらく手食の時代が続きます。箸は、神様へのお供えものを手でつかむのは失礼だということで用いられていたようです。今でも伊勢神宮の祭事で、神様へのたくさんのお供え物の中で最初に供するのが箸です。現代まで2000年以上も続いています。

そのためか、**日本では箸は単なる食事をするための道具ではなく、精神性と深く関係するものとして意味づけられてきました。**箸にまつわることわざや箸使いのマナーも多々あり、それらには先人の教えが込められています。例えば「亭主と箸は強いがよい」「箸にも棒にもかからない」など、人生の格言のモチーフにするほど箸が尊い存在であったことが伺えます。

また、自分用の箸を持ち、年齢とともに箸を変える国も日本だけですので、「箸はその人を表す」などとも言われるのです。

何歳からでもブラッシュアップできる箸使い

箸は第2の手とも言われます。たった2本の棒だけで、つまむ、持ち上げる、裂く、割る、切る、くるむ、混ぜる、まとめる…、すべてのことを5本の指を駆使して行います。

現代では、子供が自然に正しい持ち方を習得することは不可能と言ってもいいかもしれません。なぜなら、箸が持てなくても食べられる美味しい料理はたくさんあり、何ら困らないからです。普段の生活にナイフもフォークもスプーンもある現代では、箸使いがいい加減でも生活できます。大人でも長年の癖がある人は、努力をしないと直りにくいでしょう。

最近の親御さんは、幼稚園や学校で箸の持ち方を指導してほしいと外部へ依存する傾向にあります。「箸が扱えない」という些細な事柄ですが、背景には家庭環境や食卓の風景、食の嗜好や食べ方の変動、人生観や価値観までも投影されているのです。特に、子供が正しく使えるようになるには周囲の大人が根気よく毎日教え続けることが必要です。

以前、18歳の女の子のメンタルケアをお母様から相談されたことがありました。「何事もやる気がなく、勉強もしない不満ばかりの子なのだが、どうにかならないか」というもので、当時の若い私には難題でした。箸使いはその人の心を映すと考えた私は、まず彼女の箸使いを直すことから始めました。なだめたり叱ったりしながら数か月、やっと箸使いがキレイになりました。すると、彼女のすべてが一気に好転したのです！　勉強熱心になり、朝食を食べるようになり、笑顔が生まれて、目標の企業へ見事就職しました。ここまで変わるものかと、私も本当に驚きました。おそらく箸使いが上達したことによる達成感で自信がついたのでしょうね。

時々、「先生、箸使いが下手な人って育ちが悪そうでイヤですよね」とおっしゃる人がいます。私も同意見だと思ったのでしょうが、実は私はこの「育ち」という言い方が嫌いで、箸によって人をジャッジすることもできれば避けたいと思っています。なぜなら、どこで生まれるか、育つかは自分で選ぶことができません。人間は与えられた環境で精一杯生きるしかありません。できれば、育ちを人柄の判断基準にすることもしたくありません。

一方で「イヤだ」と感じる人が少なくないこと、私自身も生理的には感じてしまうものがあることも否めません。それは、箸に対する日本人としての感性であったり、食べるという本能的行為にその人の本質を垣間見てしまうからでしょう。食べ姿の背後に、その人の生き方を感じてしまうものなのです。「**箸は人柄を表す**」と言われるのもそのためでしょう。

ただ、たとえ「育ち」は変えられなくても、**ブラッシュアップは何歳になっても可能**です。そのために、「もしも私に教えられることがあるのなら」と思って教室を始めたといっても過言ではありません。

●未来につなげたい丁寧な箸食

箸でキレイに食べるには、丁寧につまみあげて口に運ぶ必要があります。いかにも、家族一丸で腰を曲げて種蒔きをしてきた稲作文化の民族の食べ方だと思います。かたや西洋料理は、刺して切って食べる、また刺して切って食べるという豪快な〝向かって行く〟食べ方です。まさに狩猟民族の食べ方ではないでしょうか。日本人の真面目さを重んじる国民性は、食べ方にも表れているのです。

しかし、丁寧な食べ方を求められる箸を使う機会が減るとともに、日本人の忍耐力も弱まってきたように感じます。だからと言って、狩猟民族のようなダイナミックな生き方になっているわけでもありません。「言われたことしかできない」「我慢がきかない」「仕事が丁寧ではない」といった若手ビジネスパーソンの評判と、食事の仕方は無関係ではないと思っています。

正しく箸を持って真面目に食べることは大切です。日本は箸だけで食事をするたった1つの国です。少なくとも2000年続いた文化ですから、私たちの世代で止めてしまっては罪でしょう。

嫌い箸が教えてくれる生き方の本質

●知らず知らずのうちにしている「嫌い箸」

忌み箸とも言われる「嫌い箸」は、大人でも無意識にしてしまっているもの。料理を刺して食べる「刺し箸」、何を食べようか迷って箸が動く「迷い箸」、箸を持ったまま茶碗を持つ「握り箸」など、よくやってしまいがちなものだけでも数十種類ありますが、NGの理由を大別すると3つあるとされています。

1つは、**仏事を連想させるから。**例えば「拾い箸」は箸と箸で料理を受け渡す仕草で、これは火葬の際に骨を拾う儀式と同じです。ご飯に箸を立たせる「仏箸」も、仏式の葬儀での死者の枕飯を想像させます。

2つ目は、**食器やテーブルなどを傷つける行為だから。**「寄せ箸」は箸で器をズズッと引きずることで、1人ご飯の際に面倒だからと片手でやってしまう人も

仕事を連想させる

食器やテーブルを傷つける

料理や作ってくれた人に失礼

いるかと思います。

3つ目が、**料理や作ってくれた人に失礼な行為だから。**「探り箸」は盛りつけられた上から食べず、下の方にある好きな具材を探る行為。せっかくの盛りつけを崩してしまうことに。煮物や天ぷら盛り合わせなどでしがちです。

嫌い箸には、なぜNGなのかと不思議に思えるものもあります。以前、まるごと一冊箸についての本を書いた際に、1つひとつの嫌い箸の理由を調べたことがありますが、ほとんど文献を見つけられませんでした。しかし、先人が長きに渡り警告してきたことですので、何かしらの背景があるはずだと思い、私なりに調べ考え抜いて書いた記憶があります。それはただ単に嫌い箸の行為に対してだけではなく、その奥にある**「どう生きるべきか、何を優先するべきか」といった人間のあるべき姿にまで言及している**と感じました。

●なぜ、料理を箸で刺してはいけないのか?

そのように感じる嫌い箸の1つが「刺し箸」です。なぜ料理を刺してはいけないのでしょう。日本の箸は先が見事に細く尖っているので、料理を刺すには最適な形と言えます。ちなみに中国の箸は先が太く丸く、韓国の箸は先が扁平で尖っていません。重くて滑りやすいおでんのコンニャクや、コロコロ転がりやすい里芋の煮物は、日本の箸で刺せば方が食べやすいはず。それなのに、なぜ先人は「ダメだ」と言うのでしょうか。

この質問をすると、「料理に失礼だから」という返答をよくいただきます。確かに「刺す」という言葉自体も日本人は嫌います。懐石料理では、縁起を担いで「刺身」を「御造り」と言い換えるほどです。

では、刺す料理はないのかと言うと、鰻は串刺しにして焼きますし、鮎の塩焼きも海老の丸焼きもしっかり刺して形を整えます。団子も田楽も焼き鳥も五平餅も…、あらあら刺してばかりではありませんか。にもかかわらず、箸だけがなぜNGなのでしょう。

私は「だからこそ箸は特別で、そこにこそ本質があるのではないか」と考えます。つまり、箸が単に食べ物を運ぶ道具ではなかった、ということの表れだと思います。命あった食べ物は神様から譲り受けたもの。箸は神様のためにありました。ですから、**命をいただくのに箸で楽を求めてはいけない。**楽に生きてはいけない、ということではないでしょうか。

すべての嫌い箸の理由を紐解いていくことで、1つひとつに生き方の本質を教えられると感じます。

日本人として知っておきたい懐石の基礎知識

●懐石は互いに配慮して成立するコミュニケーション

懐石（茶懐石）と会席、どちらも読みは「カイセキ」で発音も同じ。老舗の和食店でも混同されて違いが明確になっていないのが現状です。もちろんどちらも和食ですから食べ方も料理も重なる点は多々ありますが、その精神性は本来真逆と言っていいほどです。仕事上の会食や接待などで利用される機会もあるでしょうから、大人として懐石と会席がどう違うか把握しておいた方がいいでしょう。

懐石は千利休によって茶会の前にいただく料理として確立され、質実剛健を旨としています。厳しい修行に耐える禅寺の僧侶たちが、寒さや空腹を紛らわせるために温めた石を懐に入れて暖をとったということから、江戸時代に会席との違いを示す「懐石」の文字があてられたと言われています。

好き嫌いをせず、参加者（客）全員がすべての料理を残さず大切にいただくのが懐石の作法です。そのために、もてなす側の亭主は事前に客人の好みを把握して心を込めて用意します。

ご飯はおひつに入った状態で、主客から自分の分をよそっていき、次の人へ取り回しをしていきます。もし、あなたが「今日はお腹が空いていないから」と少量しかよそわなかったら、最後の客人がたくさん食べなくてはなりません（おひつのご飯を残してはいけない作法のため）。逆に、「今日は腹ペコだから」と多めにとったら、最後の人の分が少なくなってしまいます。参加者全員が自分勝手をせずに、公平にいただくことを随所に求められます。**懐石はまさしく客と客、客と亭主が相互に配慮することで成立するコミュニケーション**なのです。

懐石はもともと濃茶で胃を荒らさないためにお腹に入れる料理なので、たっぷりの量でなくてもいいのです。汁、向付《むこうづけ》（刺身など）、焼き物、煮物の一汁三菜が基本ですが、それに加えて強肴《しいざかな》などの料理も出されるようになりました。ただ、一汁三菜以外はあくまでもプラスアルファで、亭主の心づけです。ちなみに、懐

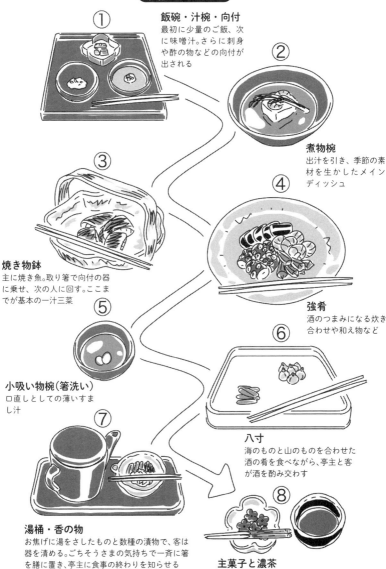

茶懐石の流れ

①

飯碗・汁椀・向付

最初に少量のご飯、次に味噌汁。さらに刺身や酢の物などの向付が出される

②

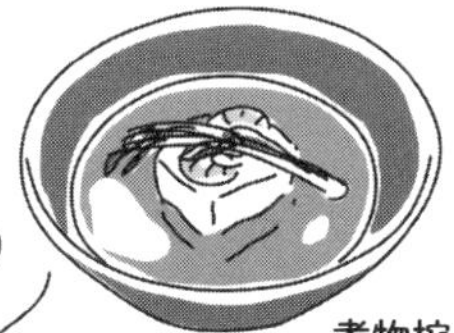

煮物椀

出汁を引き、季節の素材を生かしたメインディッシュ

③

焼き物鉢

主に焼き魚。取り箸で向付の器に乗せ、次の人に回す。ここまでが基本の一汁三菜

④

強肴

酒のつまみになる炊き合わせや和え物など

⑤

小吸い物椀（箸洗い）

口直しとしての薄いすまし汁

⑥

八寸

海のものと山のものを合わせた酒の肴を食べながら、亭主と客が酒を酌み交わす

⑦

湯桶・香の物

お焦げに湯をさしたものと数種の漬物で、客は器を清める。ごちそうさまの気持ちで一斉に箸を膳に置き、亭主に食事の終わりを知らせる

⑧

主菓子と濃茶

あんを使った練りきりなどをいただいて一時退席した後、茶が振る舞われる

石ではお茶は飲むけれどお酒は飲まないと思われがちですが、亭主と客がお酒を酌み交わす作法があり、重要なコミュニケーションの意味を持ちます。

懐石では時間がとても静かに流れていきます。子供の頃に京都で伝統的な茶懐石に伺った際、風の音や小鳥のさえずりがとても優雅な天然のBGMになっていました。**音は亭主と客との「対話」の役目を担う**ので、とても大切な要素とされています。例えば、全員が席に着いた時に入口の木戸をピシャッと閉めますが、亭主はその音をきっかけにコメを焚き始めます。客人のためだけに生米から炊き上げるという、最高のもてなしの精神がそこにはあります。また、食事を終える際には全員一緒に箸を膳の上に落とす音によって、亭主は奥にいながらも「食事を終えられたのだ」と気づくことができます。

懐石は食べ物、器、人のすべてに感謝の気持ちをもって大切にいただくので、コメ一粒も残さないのが作法です。そこで、沢庵の漬物が重要な役目を果たします。美味しくても、ご飯と一緒に全部食べ切ってはいけません。ご飯茶碗にお湯を注いで残ったコメ粒をふやかし、一切れ残しておいた沢庵でぬぐってすべてを食べ切ります。そのために沢庵はぬぐいやすいように拍子切りにカットしてあることが多いのです。恵みある水は、茶碗を洗う役目も担っているということです。そして、最後は懐紙で拭き取るという、食べた後処理まで自身で行う潔い食べ方が懐石にはあります。始まりと終わりがきっちりしており、日本人の「始末」という感覚にも通じるのです。

現代の懐石（会席）に学ぼう

会席は「会う席」と書くように、宴会料理として確立されました。もとは句会や茶会の後の席で振る舞われた料理が発端とされ、楽しく賑やかなものでもあったようです。江戸中期になると句会は料亭で開かれたので、お酒も振る舞われてさほど細かい作法もなく、料理内容も豪華になって食べ切れないほど出ることも珍しくなかったようです。

本来、ご飯は懐石では始めに出されますが、会席では最初にお酒を飲むので最後です。しかし、現代では懐石料理と標榜しているお店でも最後に出されることが多く、懐石と会席がミックスされています。懐石の残さず大事にいただく文化と、会席の食べ切れないほどもてなす文化の両面を持つのも、違うもの同士を合わせて独自のものを生み出す日本人らしい感性と言えます。一方で、中途半端になって互いの個性がつぶれてしまいがちでもあります、仕事でも複数の方針や目的、立場を合わせることはありますので、気をつけたいものです。

会席の流れ

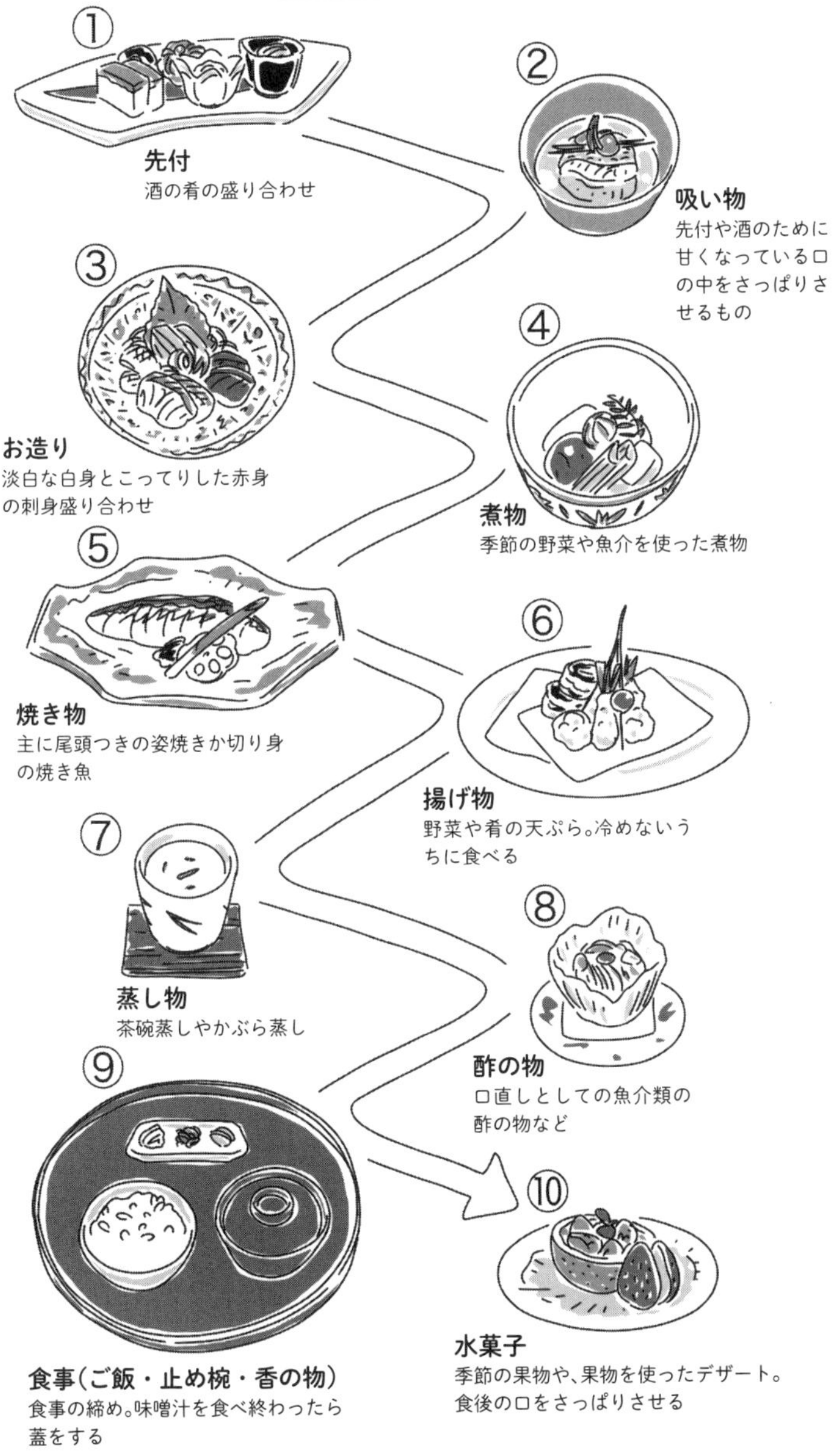
①
先付
酒の肴の盛り合わせ
②
吸い物
先付や酒のために甘くなっている口の中をさっぱりさせるもの
③
お造り
淡白な白身とこってりした赤身の刺身盛り合わせ
④
煮物
季節の野菜や魚介を使った煮物
⑤
焼き物
主に尾頭つきの姿焼きか切り身の焼き魚
⑥
揚げ物
野菜や肴の天ぷら。冷めないうちに食べる
⑦
蒸し物
茶碗蒸しやかぶら蒸し
⑧
酢の物
口直しとしての魚介類の酢の物など
⑨
食事（ご飯・止め椀・香の物）
食事の締め。味噌汁を食べ終わったら蓋をする
⑩
水菓子
季節の果物や、果物を使ったデザート。食後の口をさっぱりさせる

第4章
一流のビジネスパーソンとしての「食」の姿勢

心が整う魔法の一言「いただきます」

●「いただきます」のチカラ

使い古された言葉、「いただきます」。子供ならともかく、成人した大人がこの言葉をことさら発する意味はないと思うかもしれませんが、あながちそうとは言い切れません。忙しい毎日を過ごす現代の大人だからこそ、〝活かせる〟言葉なのです。

先日、あるテレビ番組の「きっと性格がイイ子だろうと感じさせる女性タレントは誰？」という企画で、1人で食事をする際に『いただきます』を言うかどうかを隠しカメラでチェックするというものがありました。食前にこの一言を言う習慣のある女性は育ちがよさそう、優しそうな印象があるということです。つまり、**たった一言で人柄までイメージづけてしまう**わけです。

また、「いただきます」は気持ちを整えることにも役立ちます。多忙な時間が に流されていると、食事もなんとなく始まりがちです。しかし、**「いただきます」と唱えるだけで、忙しい時間の流れをいったんストップでき、少しだけでもリセットできる**のです。食事の時間は、食べることにきちんと向き合う気持ちが必要です。そうしなければ、食べたものもしっかり消化されにくいでしょう。1人で食べる際には「いただきます」と言わない人も多いと思いますが、そういう時こそ心を整えるためにも言った方がいいのです。できれば小さくてもいいので、声に出すと耳から脳へ伝わっていっそう効果的です。

●食材の命への感謝を表そう

「いただきます」は外国語に訳せない日本ならではの言葉です。目の前の食材の命をいただくという意味があるとされています。以前の著書で、私はもう一歩踏み込んで「あなたの命をいただいて生きさせていただいています、という意味がある」と書きましたが、この「あなた」は目の前の食材のことを指します。豚や牛、魚などの命の存在がわかりやすいものだけではなく、野菜や豆類などすべての食材を意味します。**私たちは勝手に生きているわけではなく、生きさせてもらっているのだという感謝が「いただきます」には含まれている**と思うのです。

食前にお祈りをしてから食べ始める国は世界中にたくさんありますが、目の前の食材の「命」へお礼を言う国はほかにありません。例えばキリスト教で祈る相手はあくまで目の前の料理を与えてくれた神様であって、料理の食材にダイレクトに感謝をしているのとは異なります。

「いただきます」は、山の神、海の神、水の神など八百万《やおよろず》の神や仏教の影響を受け、食べる行為を修行の一環としてとらえていたことから生まれました。簡単に食べ物が手に入る現代ですが、たくさんの営みや思いを経て口に入ることへの感謝を示す社会性のある言葉とも言えるでしょう。

また、「いただきます」は、大人数が会食などで一斉に食事をする際の合図として、みんなの気持ちが1つにまとまる習慣にもつながります。パーティーなどでの乾杯や、会を閉める時の一本締めと同じです。

ちなみに、「ごちそうさま」は客人をもてなすために駆け回ってよい食材を探した亭主へのねぎらいの言葉に由来します。「いただきます」で始まり、「ごちそうさま」で終わる。感謝で始まり、感謝で終わる。先人から脈々と受け継がれた習慣には、現代にも通じる大切にすべき原点があるのです。都会では農作物の育つ様子を見ることも少なく、核家族化で家族の生死に直面する機会も減り、命に感謝する食べ方を実感することはなかなか困難な現実があります。

しかし、「いただきます」は、無駄な注文や食材買い、食材廃棄など現代の環境問題や経済観念をも示唆する言葉でもあります。たった2、3秒で心が整う魔法の一言ではないでしょうか。

2時間の食事時間をスマートに過ごそう

●2時間の流れを頭に描く

日本ではフレンチのコースや会席の場合など、**お店での夕食にかける時間はだいたい2時間がスタンダード**です。そのことを常に頭の片隅に置いておくと、会食のあらゆるシーンがスムーズに進行しやすくなります。

例えば、あなたが接待で招く側の場合、事前にお土産の手配や二次会の人数確認など含め、2時間で終了できるように段取りを確認しておきます。お酒のおかわりも、料理の順番や会食時間を頭に思い浮かべてすすめましょう。ワインや日本酒をボトルで頼む際は、コースの中盤あたりにメイン料理に合う銘柄をチョイスします。また、ラスト30分前くらいになったら、二次会について先方の意向を尋ねましょう。会計のタイミング、タクシーの手配など最後になって慌てないようにします。

暑い夏などは最初のドリンクを一杯飲んだ際に、「どうぞ暑いので、上着をお脱ぎください」の一言があると、相手の気も楽になって雰囲気が和むきっかけになります。男性と女性では体感温度が3〜5度違うと言われます。相手が女性や高齢、痩せている方などの場合は「空調が効き過ぎではないでしょうか？」と気を配りましょう。

肝心の商談のタイミングは、西洋料理ならば前菜を食べて始まりから30分ほど経過して、メイン料理になって気持ちが和んだ頃がいいでしょう。会計はデザートが運ばれるのを待つ間に済ませておきます。

●上客ほど余裕をもって注文する

では、プライベートのデートではどうでしょう。メニュー選びは、相手の好みに興味を持ったり、シェフのこだわりやおすすめの食材を知ったりと、とても楽しい時間です。

一般的に、男性はお店の人と会話しながらゆっくりメニューを選ぶ方と、自分の食べるものはさっさと決める方の2つのタイプに大きく分かれます。どちらにも利点がありますが、女性は男性よりも迷う方が多いもの。相手が注文を決めるのをゆっくり待つのもコミュニケーションのうちです。

ただ、相手が慣れていなくて注文に時間がかかりそうだと判断した場合は、お店への配慮を考えて注文を促せると素敵ですね。とはいえ、「僕は蟹みそムースにするよ！」といった一方的な物言いでは、選ぶ余裕をなくしてしまいます。そういう時は、「この店は蟹みそムースがおすすめなんだ。僕はそれにするけど、どうする？」といった相手の意向を確かめるような言い方をしましょう。「肉料理は、子羊が嫌いでなければローストもやわらかくて食べやすいよ」など、別の選択肢を提案してみるのもおすすめです。多くのメニューから二択に絞ることで、相手も選びやすくなります。

ヨーロッパでは、日本より少なくとも2、3分は長くメニューを見て注文を楽しむ習慣があります。少し余裕をもって注文することで、その後の雰囲気が和み、

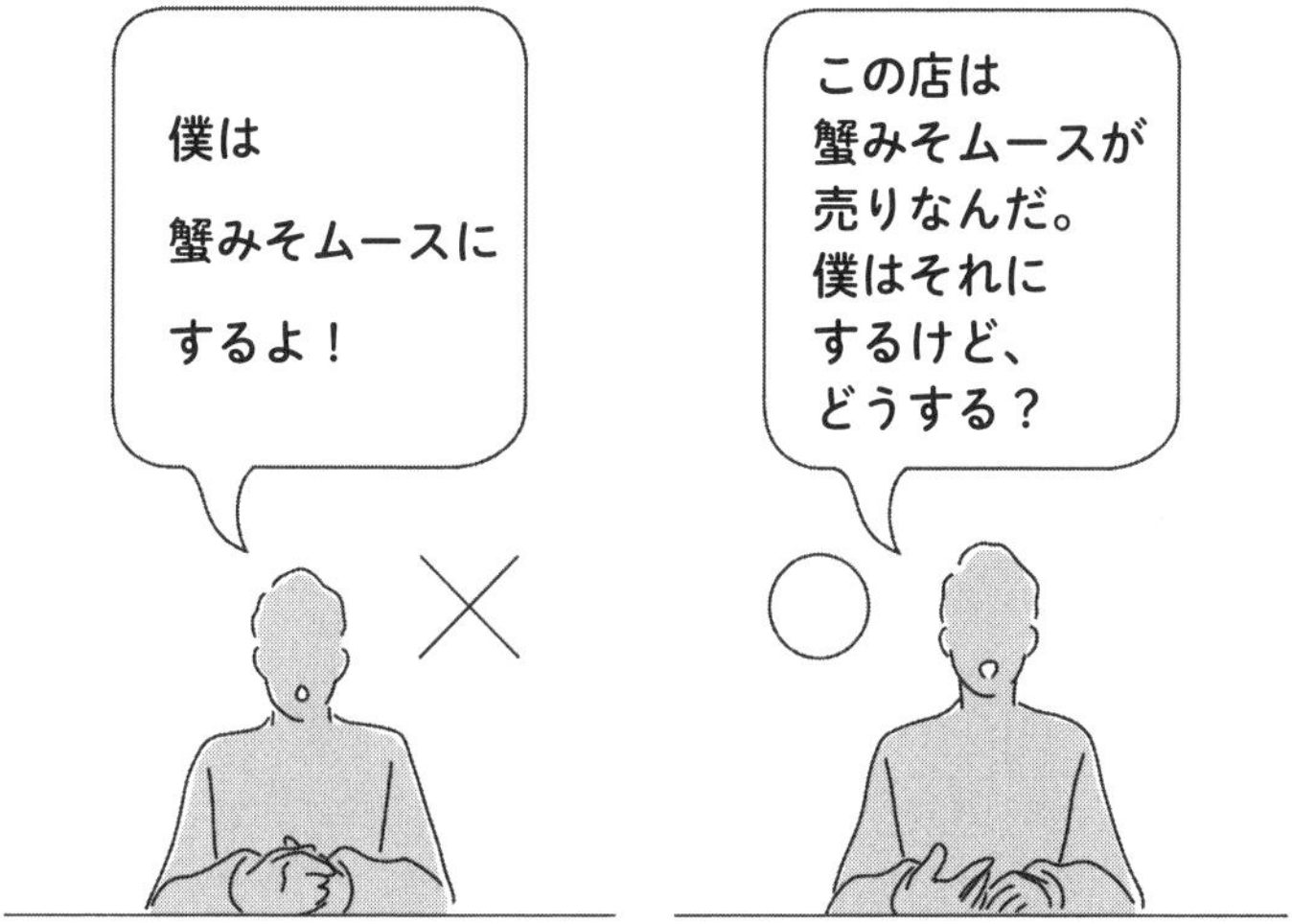

お店にも上客の印象を与えます。食事は相手とペースを合わせつつ、早過ぎず遅過ぎずいただきましょう。

●スマートな振る舞いを身につける

食後のコーヒーを飲み終えたら、女性はいったん席を離れて化粧室へ行きましょう。歯を磨いたり口紅を直したりなどの女性としてのたしなみとともに、男性が支払いやすいタイミングを作るためです。この間、男性は速やかに会計をすませます。実際は割り勘だったとしても、店内での金銭のやり取りは粋ではありません。いつまでもダラダラ会話をしていると、2時間枠からはみ出るので注意しましょう。あくまでもスマートに。

時間枠を考えて飲食するのは夕食に限りません。例えば喫茶店などでコーヒーを飲み終わっても30分以上いるのなら、「何か注文した方がいいかな…」「場所を変えた方がいいのでは？」といった意識を持つことが大切です。食事中も食後も「待っている人はいないか」「席は混んでいないか」と常にチェックします。客として売上に貢献しているから、その席を占領できるのです。混んでいるお店では、コーヒー一杯で2時間も占有権はないでしょう。**自分本位になりやすい時代だからこそ、普段から他のお客の存在を意識する**スマートさが必要なのかもしれません。

「おすすめは？」と聞かれた時、「おすすめは？」と聞く時

●おすすめのお店は相手によって変わる

「おすすめの店、教えてよ」。これは、私のような食の仕事をしている人なら、おそらく一度は聞かれる質問です。このように尋ねられたら、みなさんはどう答えているでしょうか。あらかじめ決めているのか、その時に思い浮かんだお店を言うのか。私はいつも困ってしまい、「答えられません」と正直に返事しています。

というのも、**おすすめの店というのは、相手によって異なるものです。どんな人と、どんな目的で利用するのか。予算や立地、個室かどうか、食の好み、男女比、年齢層などによっても当然変わります。**私はそれらを確認した上で、「全員が喜んでバッチリだった！」と満足してもらえるお店を、2〜3時間かけても誠心誠意探したいのです。もちろん、常に頭の中には各シチュエーション別に候補

はありますが、もしかしたら私が来店した時とシェフが変わるなど状況が違っている可能性もあります。ですから最新情報も調べて、おすすめしたいのです。

みなさんがお店を探す時は、利用者の口コミが掲載されている飲食店情報サイトを参考にされることでしょう。ただ、そこにあるお店提供の画像は活気あるオープン当初にプロのカメラマンがキレイに撮ったものが多く、あまり参考になりません。リアルな情報は、実際に来店したお客が最近投稿した料理画像を見た方が、おおよその味が想像できます。また、店内画像もお店の雰囲気が伝わるものなので、必ず確認しましょう。

おすすめの店を尋ねた人は、なんとなく好きな店を聞いてみただけかもしれません。ですが、相手とは好みが同じとは限りません。同じ人でも、今日行きたい店と明日行きたい店は違うものです。食べることは、カラダの内部に摂り入れることなので、好き嫌いの判断は単純にはいかないものです。

●上客ほど「おすすめ」を聞くのがうまい

逆に、お店で「おすすめは？」と尋ねたことはあるでしょうか。私が食事をしていた時のことです。隣のお客が「おすすめは何ですか？」と板長に聞いたら、「全部おすすめです」と返事をされて困惑している状況を目にしたことがあります。どちらの気持ちもわかりますよね。お店側はおすすめしか扱っていない自負があるでしょうし、その店を初めて訪れた客は「どの料理が美味しいのかよくわからないし、できれば損をしたくない。作っている人に聞いて、手っ取り早く教えてもらおう」と思うのでしょう。お店側もそのくらいは重々わかっているでしょうから、「今日はイサキのいいのがありますから、オリーブオイルで焼きましょうか？」「肉と魚、どっちの気分ですか？」など、もう少し余裕をもって誘導すべきでしょう。

ただ、**単純におすすめを聞いてしまうと、その時点で上客として扱われない可能性がある**ことは確かです。なぜなら、お店のこだわりの財産であるメニューへの配慮に欠けた質問だからです。

例えば日替わりメニューがある店や、築地で毎日違う魚を仕入れている店なら、「今日のおすすめは何がありますか？」といった聞き方をするといいでしょう。「今日の」と限定し、「何ですか？」を「何がありますか？」と言い換えることで、「毎日仕入れてくれてありがとう」というねぎらいのニュアンスが出るのです。お店側の印象はかなり違うでしょう。

「あまり量を食べられないのですが、肉料理でさっぱりしたものは？」「今日のワインに合うパスタだと、どれがおすすめですから？」など、少し具体的に聞くだけでお店側は俄然答えやすくなります。また、「先日いただいたカルパッチョが絶品でした。今日はそれと、もう一品魚料理を食べたいのですが」とまで言えれば、一緒に食べると満足度の高い一品を喜んでおすすめしてくれるでしょう。誰しも自負のあるものを他人にすすめる時には、責任を持ちたいものなのです。

できる人のごちそう術

●支払いをめぐる微妙な心理

ビジネスランチは誘った側が支払いをするのが基本です。とはいえ、誘われた側は「本当にごちそうになってしまっていいのだろうか」と思うこともあります。ランチに限らず様々なシーンでの「今日は相手が支払ってくれそうだけれど確実ではない」という時、会食が始まる前から支払いで失礼がないようにせねばと悩むことは少なくないでしょう。いざ会計になって、テーブルでの「私が払います」「いいえ、ここは私が」の押し問答は野暮です。そうかと言って、相手に甘えていいものか。最近は、そんな気遣いが面倒なので、相手が上司でも奢られることを好まない人もいますし、デートは常に割り勘というカップルも珍しくありません。

ある知人がこんなことを言っていました。部下をねぎらうため寿司屋に連れて行ったら、「何を注文する？」と聞いても「う〜ん」ともぞもぞ悩んでばかり。「今日はごちそうするよ」と言った途端、ウニ、大トロ、アワビと高級なネタばかりを次々に頼んでビックリした、とのこと。「最近の若い人は遠慮ってものがないのかなあ」とやるせない様子でした。

このように「ごちそうする」と言うと、安心して高価なものを頼む人がいる一方で、逆に「安いメニューを注文しなくては」とプレッシャーを感じて食べたい料理を選べなかったり、居心地が悪くなったりする人もいます。ごちそうになるから高いものを選ぶような、えげつない人間に見られたくないのでしょう。

ごちそうする側としても、気にせず高いメニューをオーダーされる方がいいと感じる人と、そうでない人がいます。金額の程度によるでしょうが、その「程度」に決まりはないので、個人の感覚次第ということになります。

では、最初に「今日はこっちで持つから」と伝えるのと、会計の時に「今日はいいから」と伝えるのと、どちらがいいのでしょうか。始めに意思を表明するのは、安心して食べてもらいたいという気遣いからです。ただ、相手の性格によってはそれが逆効果になることもあるということ。

結論から言えば、**「ごちそうする」は先に言う必要はありません。その代わり、「何でも好きなものを頼んで」と言いましょう。**食べたいものを食べていいと促すことでニュアンスは伝わりますし、相手の気分もほぐれるものです。

●ごちそうされることで見えてくる相性

ごちそうされる側の場合は、コース料理であれば相手と同じ、もしくはその1つ下のコースを選びましょう。また、寿司屋のようにアラカルトで細かく注文するようなお店であれば安価なネタから入り、相手に「もっと高いネタを頼んでもいいよ」と言われるまで平均価格のネタに抑えておきます。もし最後まで何も言ってくれなければ、気遣いのできない人か、鈍感な人なのでしょう。

時には、「大好きなので、ウニを頼んでもいいですか?」などと聞いてみてください。大トロや伊勢海老では気遣いのない印象を与えるかもしれませんが、ウニや中トロくらいであれば、失礼のない範疇と考えていいでしょう。人によって様々な受け止め方があるわけですから、相手の反応から自分との相性を感じ取りつつ進めましょう。

食の好みが同じだと相性がいい、などとよく言われますが、金銭感覚も同じです。相手との〝相性〟を見る上で会計は重要な要素なので、ビジネスでもプライベートでも、まずは一緒に外食（アラカルトの方がおすすめ）してみましょう。長時間の会議では気づかない相性が、一度でしっかりわかるでしょう。

できれば言ってはいけない他店の悪口

●ピント外れの上客アピールをしていませんか？

行きつけのお店でこんなアピールをしたことはないでしょうか。

「ミシュランの星を獲得したといっても、イマイチだったよ。この店の方がずっと旨いよ、大将！」。あ〜、なんて残念な言葉でしょう。根は悪くなさそうなだけに、なおさら残念ムードが漂います。ほかのお店と比較されることほどイヤなことはない、とおっしゃるお店は多いのです。

また、「熟成肉が売りなんだけれど、そんなに旨味は強くなかったですよ」「サービスがよくないんだよね。注文して持ってくるまで時間かかるし」といった他店の批評を言いたがる人もよくいます。本人としては、その店よりもこの店の方がいい、とほめているつもりなのでしょう。

お店に情報を教えてくれるのはありがたいでしょうが、長く通ってほしいお客様とは思わないはずです。なぜなら、「うちの店も、こうやって悪口言われているのかなあ」という不安が頭をかすめないわけがないからです。

どういう時に相手に対して信頼感を持つか、また不信感を抱くか。それは店と客という立場であっても、通常の人間関係と基本的には変わりません。

●他店への意見はリスペクトを忘れずに

仕事上でも、他者と比較して評価することは多々あります。競合他社以上の売上を目指す、同僚を目標に切磋琢磨するなど、相手を想定して比較することで、自分の位置が明確になって目的を見出しやすくなる利点が仕事ではあります。しかし、客と店の関係では同じ目標を持てるわけではありません。**普段から比較してほめる習慣があると、ついお店でも出てしまうのかもしれませんが、気をつけたい**ものですね。

店内でほかのお店を批評する人は、「いろいろな店を知っているけど、中でもこのお店のファンなんだよ」と顧客アピールしたい心理が働いているのでしょう。

それでも飲食店にとっては生の批評を聞けるのは利点でもあります。実のところ、そこに気づいて、他店の悪口を含め、自店の反省材料を見つけるヒントをくれるお客様をありがたい存在と思えるなら、よい店になっていくケースが多いものです。家でも、仕事でも通常の人間関係でも相手へのリスペクトの気持ちがある意見なら、単なる批判ではなくよいアドバイスになるでしょう。飲食店に限らずどんな仕事でも、批判の仕方や受け止める側の姿勢次第で状況は変わっていくのだと思います。

コミュニケーションを深める お酌のコツ

●日本にしかないお酌文化

古代ローマ王朝には、ぶどう酒を作って熟成させる部署があったそうです。ヨーロッパでは会食での優先順位として、食事よりもお酒が上位に挙げられます。また、お正月や結婚式でいただくお酒を「お神酒《みき》」というように、日本ではお酒は神様のためのものでした。茶懐石では終盤に酒の肴である八寸をいただきながら列席者全員でお酒を酌み交わしますが、それは茶懐石のクライマックスとも言える重要な時間とされています。

このように、お酒は世界中で大切なものとされ、古《いにしえ》の時代から特別なものとして扱われてきました。嗜好品として気分を高揚させる一方、悪酔いすれば判断力を鈍らせることにもなります。昔の人も注意して飲まなくてはいけないことをわかっていたので、恐れたり崇めたりしたのかもしれません。

時代が変わっても、大人の会食ではコミュニケーションをはかるための大切な要素としてアルコールはなくてはならない存在です。お酒についてよく受けるのが、「お酌のマナーやタイミングがわからない」という質問です。「無礼講」という言葉があるように、日本ではお酒の席では身分の違いをあまり意識せずに腹を割って飲もうという慣習があります。高低差のない畳の上に全員が座るため、お酒も酌み交わしやすいのです。また、部下が上司へ注ぐと、今度は上司が部下へ返杯することもしばしば。お互いをねぎらう意味もあるのでしょう。

西洋の場合は客はお酌を受けるだけで、客同士がお酌をし合う慣習はほとんどありません。お酌は給仕係がするもの。椅子に座った上流階級の人に、立った状態の給仕係がワインボトルを注ぎます。ホームパーティーなどで、ホストがゲストに注ぐことはありますが、ゲストが返杯することはあまりありません。

そんな慣習の違いもあるので、お酌の仕方も日本酒とワインでは異なります。日本酒をお猪口で飲む場合は、客が2口くらい飲んだら次を注ぎます。お酒が空になる前に注ぐのがエチケット。受ける側は、お猪口を持ち上げてお酌を受けます。感謝の気持ちを示す仕草です。

ワインは、ぬるくなるので継ぎ足されるのを嫌がる人がいます。ソムリエがいる店であればお任せすればいいのですが、客同士で注ぎ合う場合はワイングラスの4分の1に減ったくらいを目安にしましょう（ビールも同様です）。4分の1くらいの残量であれば、飲み干せる量ですし、継ぎ足してもさほどぬるくはならないでしょう。

●現代の正しいお酌マナー

お酌で大切なのはコミュニケーションです。「注いでもいいでしょうか」などと一言添えるだけで、相手もタイミングをはかれます。「まあ、もう一杯！」と強引に注がれることも少なくありませんが、それでは断りづらい。「もう一杯どうですか？」と尋ねることで、相手は飲むのも飲まないのも自由にできます。

最近は自分のペースで飲みたい人も増え、手酌を好む人もいます。「気を遣わないで」と言われても相手が本当に手酌が好きなのか、気遣っての言葉なのか判断つきかねます。その場合は「そうですか。では、一杯だけお酌させてください」と言って、一回だけ注いではいかがでしょう。それであれば、どんな相手でも失礼にならないでしょう。

また、ソフトドリンクも充実し、お酒が弱い人は無理して飲まなくてもいい時代です。初対面の人との会食では、事前に「アルコールはお好きですか？」と聞きましょう。「最初はビールでいいですか？」と聞かれるより、飲めない人にとっては気持ちが楽になって答えやすいでしょう。

常に相手の立場になって一言添える、尋ねる。これだけで、お酌のマナーのほとんどの懸念は払拭されると思います。

寿司屋ではリズムを意識しよう

●寿司屋で注文する時に一番大切なこと

回らない寿司屋で注文する時、アラカルトだと何から始めて何で終わればいいのか悩む人は多いでしょう。グルメ評論家でも、「最初は卵焼きを頼めば板さんの腕がわかる」と言う人もいれば、「最後は卵焼きをデザート代わりに食べるのがよい」と言う人もいます。また、〆は穴子という意見もあれば、巻物がいいという意見など様々です。

私は鯛やヒラメなどの白身から始めて、トロやウニなどのこってりしたネタに移っていくことをおすすめします。そして最後に、ひもきゅう巻きなどのさっぱりした巻物を食べます。淡白な味から濃い味に移り、最後にさっぱりしたもので口を洗う。この順番はフレンチや中国料理などにも共通し、最後まで美味しく食べることができます。特に寿司は生ものですから、口の中に匂いが残りやすいもの。間にガリを入れながら口の中をフレッシュな状態にして、次のネタを味わうといいでしょう。

終わりに、魚のあら汁や味噌汁などをいただくのもいいと思います。味噌汁は腹具合を落ち着かせ、脳と胃に「終了です」と伝えてくれます。会席料理で最後に止め椀（留め椀）を飲むのと同じように、理屈に合っていると思います。

とはいえ、**実のところは寿司屋で順番はマナーとしてさほど重要ではありません。好きに美味しく食べればいいのです。上客を目指すなら、注文のタイミングやリズムの方が大切です。**一般的に、板さんはほかのお客も担当しているので、一度に5貫以上頼むのはできれば避けましょう。あなたの注文を作り終えないと、ほかのお客の注文を受けられなくなるからです。また、一度にあまりたくさんオーダーすると、目の前にズラッと寿司が並んで「急いで食べなくては」というプレッシャーがかかります。ただ、一貫ずつよりは2、3貫まとめて頼んだ方が親切です。お寿司が握られたら、ネタが乾く前にすぐ食べるのがマナーです。美味しくいただいて、職人さんの手が空いていそうなタイミングを見計らって次の注文をします。眼で訴えていると、向こうから「何か握りましょうか」と言われる場合もありますが、そうでなければ「注文しても大丈夫ですか?」と聞くようにします。

ほかのお客様の注文に便乗するのもアリです。本来飲食店では、隣の客の食べているものを覗いたり、「こちらにも同じものをください」と言ったりするのはマナー違反ですが、寿司屋では違います。例えば、隣のお客様がウニと中トロを頼んで職人さんが復唱したら、「あ、私も中トロお願いします」といった具合です。

ネタを切るたびにまな板を布巾で拭くので、同じネタを同時に握る方がお店側のオペレーションもラクです。しかし、あまり繰り返すと隣のお客様の背筋を寒くさせてしまうことになるので、便乗注文は一度くらいにしておきましょう。

●つまみを楽しむ時もリズムよく

寿司屋で最初から握りを注文するのは野暮、お酒とつまみをチビチビ楽しんで最後にサクッと少量つまむべし。これはよく耳にしますが、少なくとも私の知っている寿司屋さんは全員「それなら居酒屋に行けばいいだろう。寿司屋はあくまでも寿司だ」とおっしゃいます。あくまでセットになったネタとシャリを食べる場所なのです。

寿司はネタとシャリの2種類で構成されているシンプルな芸術品だと思います。もともと握り寿司は、江戸時代に時間短縮のため片手で素早く食べられるように開発された屋台料理でした。言わばファストフードとして生まれたのです。それだけに、サクッと食べて早めに切り上げる客は歓迎されます。

握られた寿司をそのままに会話に夢中になったり、1つのつまみでビール1本をダラダラと飲み続けたりするのはNG。席に座っているのに、全然売上に貢献していません。

もちろんお酒と一緒につまみを楽しむこと自体は問題ありません。職人さんとの会話を楽しみつつ、つまんではお酒を飲み、お酒を飲んではつまみ、リズムとタイミングを職人さんと共有できたら、「また来てほしい」と思われるお客になるでしょう。

中国料理は五味五法で選ぼう

●世界中どこにでもある中国料理

出張や旅行で、海外に行った時の楽しみの1つと言えば、現地での食事です。しかし、慣れない味が口に合わなかったり、すぐに飽きたりすることもあるでしょう。そんな時におすすめなのが中国料理です。西洋の大都市にはだいたい中華街がありますし、スーパーで売っていることも多く、観光客の少ない郊外の町でも中国料理店は結構あります。安く済ませたいなら、たいていのフードコートにもあります。たまにパクチー入りエビチリなどの〝なんちゃって中華〟もありますが、とりあえず醤油味の料理とご飯をいただくことができます。中華は世界中の人に受け入れられている料理の1つなのです。

また、「高齢になると、さっぱりした味を好むようになる」とよく言われますが、油っこいイメージがある中国料理は意外にも老若男女問わず食べられています。丁寧に調理しているお店では、油通しをしているのでカラッとして胃もたれしません。相手の好みがわかりにくい接待や、様々な年齢、立場の人が集まる会でも中華はおすすめです。

●中国料理、使えるアラカルトのコツ

中国料理の会食では、注文をひと工夫するだけで満足度が全く違ってきます。たいていの人はコースのメインディッシュの確認くらいはしても、ほぼ価格で決めているでしょう。選ぶのが面倒なので、バランスよくリーズナブルに設定されているコースにするケースも少なくありません。しかし、たまにはアラカルトで注文してみてはいかがでしょう。最近は、リーズナブルなお店や高級店でもアラカルト中心のところが増えました。

その場合は、**「五味五法」を意識して選択する**といいでしょう。五味とは、私たちが味わえる5つの基本味です。もともと和食の五味は「甘味・酸味・塩味・

五味五法

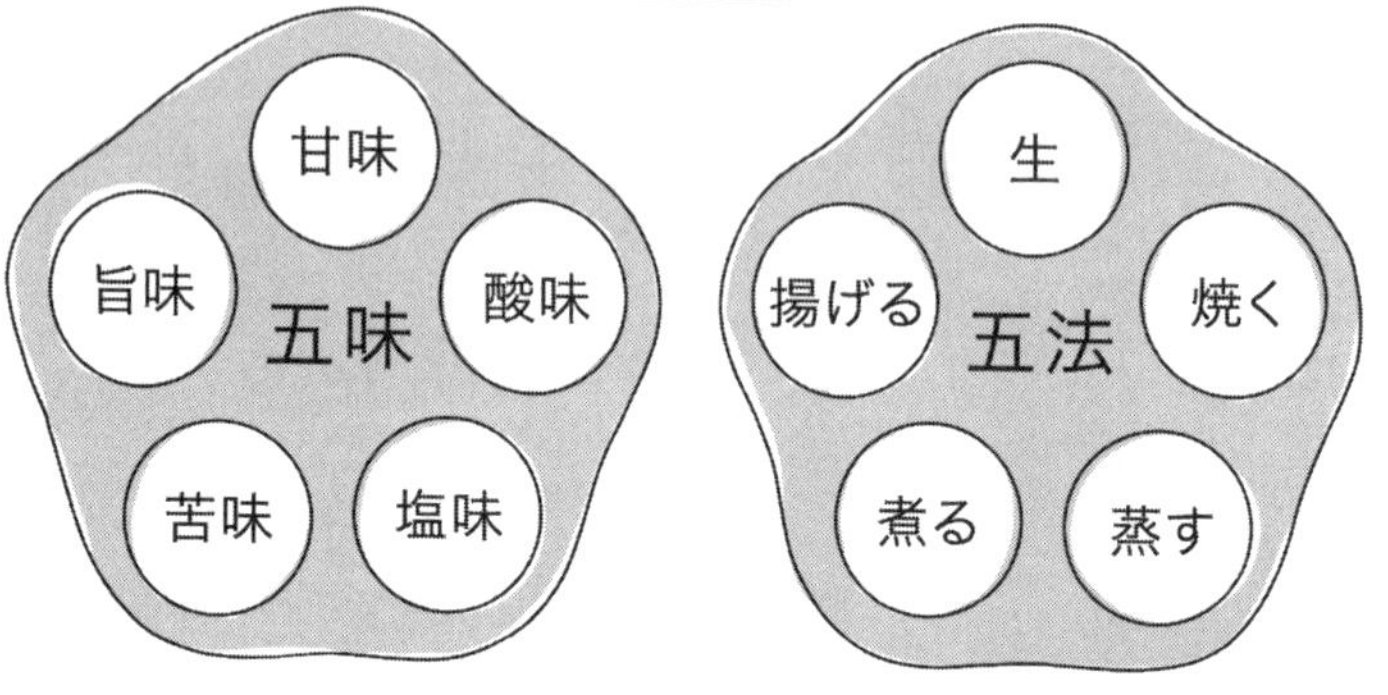

苦味・辛味」ですが、現在は世界の共通認識として辛味の代わりに旨味が入ります。五法とは、和食の5つの基本調理法で、「生・焼く・蒸す・煮る・揚げる」です。生ものを食べない習慣が長い中国料理では、生は滅多に出されません。

食べたい料理を選択したら、同じ味つけばかりが重なってしまったということはよくあります。最後の料理に行きつくまでに飽きてしまってはもったいないですね。中国料理は味つけが多岐に渡っているのが特徴の1つです。塩、醤油、味噌を使った料理に少し酸味がある料理を加えるなどして、**味が一律にならないように選びましょう。**少なくとも5つの味を目安に注文するとバランスが整います。これは、みんなでシェアするカジュアルな居酒屋でも応用できます。

さらに、料理が出る順番も意識しましょう。**さっぱりした味から濃い味へ移行するようにオーダーできると、最後までより美味しく食べられます。**特に広東料理にはクリーム味やトマトケチャップ味などもあるので、途中に差し挟むと変化が出ていいでしょう。

次に、調理法も5つ揃えます。同じ調理法の料理が重なると、「油っこい」「最後のメニューはお腹がもたれた」などとなりやすいものです。**焼き物、炒め物、煮物、蒸し物などを中心に頼み、揚げ物を入れる場合は1種類にします。**また、汁物も頼みましょう。「中国料理はスープが命」と言われます。スープの出汁が無数に存在する中国では、店の味として守り継がれていることも少なくありません。客は喉の渇きを癒すとともに、口の中に残る料理の香りや匂いをリセットできて気分転換になります。

●主客を意識した食材チョイス

味つけや調理法とともに、**食材もバリエーションよくオーダー**すれば完璧です。肉類、魚介類に加え、豆腐、野菜、卵なども、足りなければ点心を追加するとお腹も満足します。

アラカルト最大の利点は、主賓に対してのアレンジができることです。接待の際、主賓になる人に事前に好みを聞いておけば、メニューに入れることが可能です。例えば、「貝がお好きと伺ったので、貝の種類を変えて塩炒めと揚げ物の2種類をオーダーしておきました」「この店のハマグリの黒豆ソース煮はとても美味しいと評判です」などと、〝あなたの好きなものを優先して店を選びました〟といったニュアンスを伝えられれば、相手も悪い気はしないはずです。

気をつけたいのがメインディッシュです。**中国料理はメインディッシュでその会のメンバーの格を示す**と思ってください。いくらエビチリが評判の店だとしても、ビジネスの会食でのメインディッシュとしてはNGです。残念な接待と言わざるを得ません。少なくとも、北京ダックやフカヒレスープ双方はほしいところ。

燕の巣入りスープやフカヒレの姿煮などがあると、商談を本気で考えていることが相手に伝わるでしょう。

ビュッフェは食べ放題だと思っていませんか？

●帝国ホテルから始まったビュッフェ

日本は美味しいビュッフェを食べられる先進国ですが、ビュッフェの食べ方については後進国だと思います。ビュッフェは一般的にはバイキングと呼ばれますが、これは日本だけでしか通じない呼び名です。ご存じの方もいらっしゃるかもしれませんが、この名前にはとても素敵な由来があります。

昭和32年、帝国ホテルの犬丸社長が「何か新しい切り口のレストランができないか」と海外視察に行った際、北欧で昔からあるスモーガスボードというビュッフェの原型に出会いました。好きなものを好きなだけ取ってお腹いっぱいになれる食のスタイルに注目し、レストランに取り入れたのが始まりだそうです。当時の若手ホープの村上氏（後に帝国ホテル料理長）に研究を命じ、「バイキング」

という名称のレストランをオープンしました。そのネーミングは当時人気だった『バイキング』という同名の海賊映画にあやかり、元気が出そうだからつけたと聞いています。レストランは当時の宿泊費と変わらないほどの高額にも関わらず人気となり、その評判は全国に伝わりました。今ではバイキングと言えばビュッフェスタイルを意味するまでになったのです。

●ビュッフェの真の目的を忘れない

本来ビュッフェはフルコースの流れに沿って、前菜からデザートに向かって少量ずつ取っていくのが基本です。一皿に2、3種のメニューを少しずつ盛りつけ、空いた皿は下げてもらうためにサイドテーブルの上へ。味が損なわれないように、冷たい料理と温かい料理では皿も変えます。

女性にありがちなのが、「あなたはローストビーフをお願い。私はパスタを取ってくるわね」などと友人と役割分担すること。これだとどうしても多めに取ることになるので、食べずに残ってしまう確率が高くなります。

人差し指と中指の間にお皿を挟み、親指と人差し指でグラスとカトラリーを固定する。

かたや男性に多いのが、一種類のメニューだけを食べること。特に人気なのが寿司です。一人前の寿司を取って、仲間内でサイドテーブルを囲んでビール片手に立ち食い状態になっているのをよく見かけます。

もともと**ビュッフェの目的はお腹いっぱい食べることではなく、参加者同士の会話、コミュニケーションです。**ですから、一箇所にとどまらず移動しながら楽しむのがポイントです。カトラリー（ナイフやフォーク、スプーン）、ドリンクを皿の上に重ねて左手の指ですべてを支え、右手は握手のために空けておきましょう。

●満腹ではなく満足を目指そう

「お腹いっぱい食べられたら幸せ」といった成長の時代を経て、現代は食べ物を残してもいいという考えが広がっています。例えば、タラバ蟹の脚が人気のビュッフェでは食べやすい脚の中央部分だけを食べて残りを放置したり、焼肉ビュッフェでは上質カルビだけをてんこ盛りにするなど。今に至るこのような食べ方が生まれた要因の1つは、ビュッフェでよく使われる「食べ放題」という言葉にあると思います。辞書で調べると「やりたい放題」「○○放題」といった例文が使われているように、お金を払えば残すのも自由といった考え方は、どの世代にも増えていると実感しています。実際、立食スタイルの食材廃棄率は、着席スタイルよりも長年高くなっています。

高度経済成長期には元気の出る新スタイルとして素晴らしい試みでしたが、時代は変わりました。飽食の時代と言われて久しい現在では、満腹ではなく、〝満足〟を目指し、分相応に食材を大事にいただきたいものですね。

一流の人はビュッフェに並ばない

●世界一並び上手な日本人

立食スタイルのパーティーでは、乾杯の後は自由行動です。料理を食べてもよし、会話を楽しんでもよし、規則はありません。それでも、参加者がビュッフェ台に並ぶタイミングはどうしても重なるものです。講演や勉強会が終わって空腹な人が多い時はもちろん、立食スタイルの結婚式2次会や同窓会、ビジネス関連の会で挨拶や名刺交換が一段落した後などは行列ができやすくなります。

日本人は並ぶことが世界一上手かもしれません。震災があった際も、暴動を起こさずに静かに配給に並ぶ様子が海外で絶賛されました。ビュッフェパーティーでも、お皿を手に持って人の流れに順番に従います。

ビュッフェ台がいくつかの〝島〟に分かれている広い会場でも、やはり島ごとに行列ができます。長いビュッフェ台の一番奥にある料理だけを取りたくても、きちんと最初から並びます。空いているメニューがあっても、決して〝横入り〟はしません。それは、えげつない行為と感じるのでしょう。目の前で切り分けてくれるローストビーフや、揚げたての天ぷら、握りたての寿司などの人気メニューの前でもひたすら並んで待っています。

●行列に並ぶのは無駄

西洋人がビュッフェで秩序正しく並ばず比較的自由に振る舞うのに対し、日本人のこの習慣は素敵な面でもあります。ただ、ビュッフェパーティーではある意味無駄な時間とも言えます。前項でも書きましたが、ビュッフェの目的は食べることではありません。並んでいる間は会話を楽しめないので、パーティーの限られた時間を有効に使った方が意味があるのではないでしょうか。

私は、仕事ができる方がビュッフェ台の長い行列に並んでいる様子を見たことがありません。食べている様子もほとんど見ないくらいです。それでも「何か召し上がりましたか？」と尋ねると、結構しっかり食べていることも少なくないので、一体いつ食べたのだろうと思うこともしばしば。それでも、行列に並ぶ姿は不思議なほど見かけません。

なぜなら、単純にほとんど並んでいないからです。**行列ができていたら誰かと会話するか、並んでいないビュッフェ台へ行きます。**ローストビーフや寿司にも頓着しません。一段落して行列が途切れた頃にサクッと食べるか、そもそも食べなくても全く問題ないと考えているのでしょう。頻繁に移動しながら会話を楽しまれているので、「あちらにいるな」と思ったら、すぐ別の場所へ移っています。

もちろん移動が多ければいいとは限りません。気の合った人とじっくり歓談することもあるでしょう。それでも、ビュッフェ台に行列しない人は楽しく会話を弾ませていたと思えば、程よい時を見計らって別の場所へ移動します。ほかの知人を紹介したり紹介されたりしているので、壁際で長いこと小声で話し込んだりは滅多にしません。仕事のできる人ほど、会場内で常に背中を見せているとも言えるでしょう。

取り分け上手な人は目配り上手

●あなたの性格は鍋の取り分けに垣間見える！

鍋やパスタなどの料理を取り分けてもらう時、美味しそうに盛りつけられると嬉しいですよね。私が主宰する食輝塾でも盛りつけ術を教えています。会社の飲み会で「キレイに盛りつけるね〜」とほめられた生徒さんは、会合のたびに取り分け係をさせられると嘆いています（笑）。

私自身、仕事として料理の盛りつけを提案する立場ですが、それを抜きにしても楽しく感じます。大皿から取り分けた後も、料理が美味しそうな状態を保っていると、食べる人への責務を全うできた気がします。

一口に盛りつけと言っても油断はできません。そこには、美的センスや丁寧さ、細かさ、大胆さ、気遣いなど様々な性格が表れてしまうのです。

まず、**取り分ける時は「大皿のミニバージョンを作るようにする」「全員の量や具材の種類、数を均等にする」「高低差を作る」の3点を守る**のが基本です。

例えば鍋の場合、具材は取り箸を、スープと豆腐はお玉を使います。すべてをお玉で取ろうとすると、どうしても具材の種類に偏りが出て雑な盛りつけになったり、豆腐がちぎれたりします。最初に豆腐やこんにゃくなどの重いものを取り、その上に野菜を、手前に肉や魚介類などの〝主役〟を乗せます。美味しく見せるためには、主役を目立たせることが必須です。

最後に汁を入れますが、上から「ザブ〜ン」と注ぐと、せっかくキレイに盛られた具材が崩れて元の木阿弥です。汁は器の内壁に沿ってゆっくり注ぎ入れると、具材の山が崩れません。てんこ盛りにするのではなく、山の頂点を器の縁と同じか少し下くらいを目安にまとめるとキレイでしょう。

●サーバーをうまく使いこなせていますか？

西洋料理や中国料理では、サーバー（大きなフォークやスプーン）を使用しま

取り分けの３つの基本

・大皿のミニバージョンを作る
・全員の量や具材の種類、数を均等にする
・高低差を作る

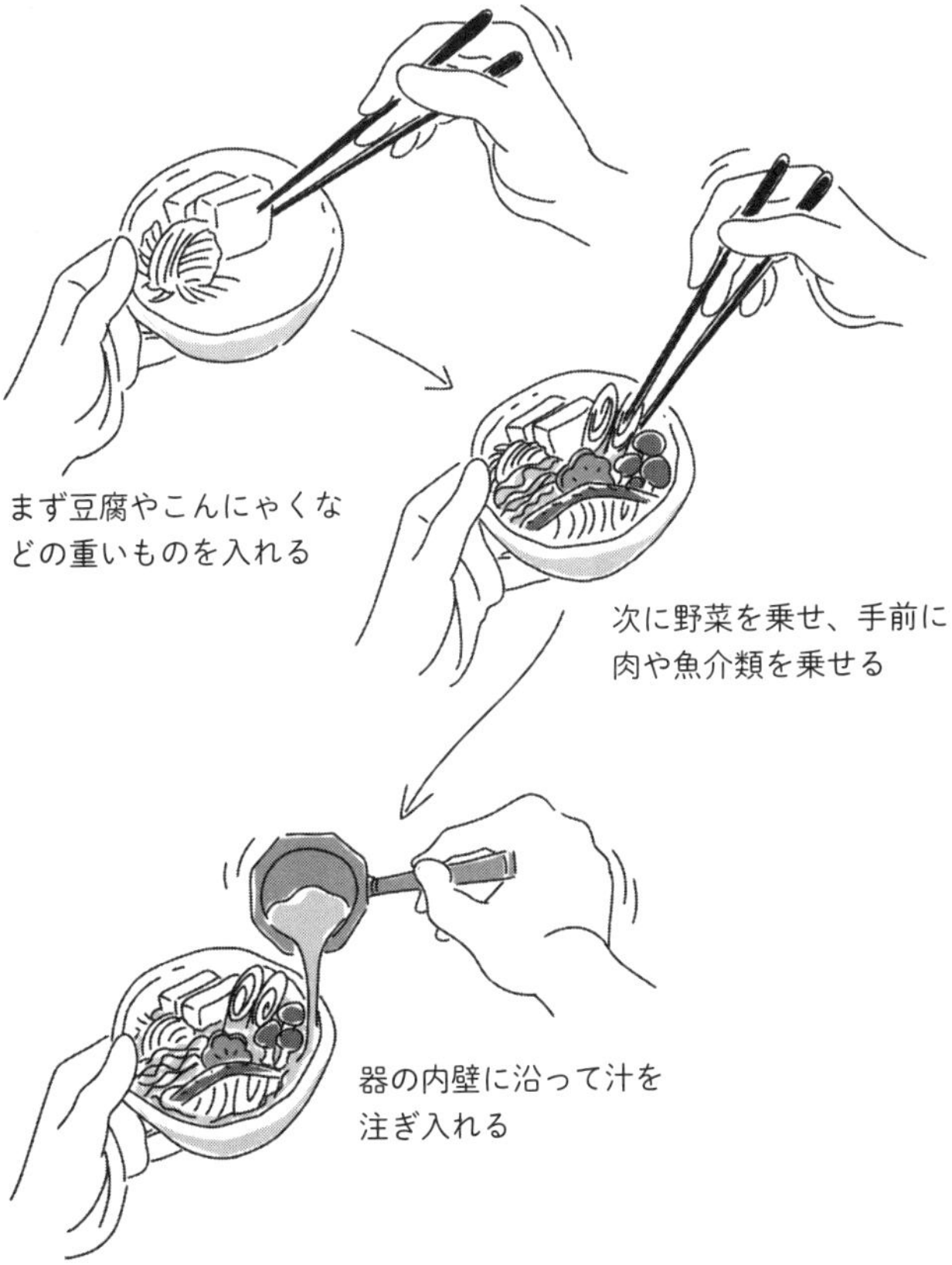
まず豆腐やこんにゃくなどの重いものを入れる
次に野菜を乗せ、手前に肉や魚介類を乗せる
器の内壁に沿って汁を注ぎ入れる

す。意外に難しいのがサラダです。まずは両手にサーバーを持って、サラダを下の方から上に大きく回転させます。2回転ほどで、底に沈んだドレッシングが万遍なくかかります。ローストビーフやムール貝などの主役級の具材があれば、全員に少しずつ行き渡るようにして手前に乗せます。

サーバーを上手に使える男性はスマートに見えます。日本では取り分けは女性の役目というイメージが根強いですが、最近は率先して取り分ける男性も増えています。大きなサーバーは、男性の手の方がしっくり合うのでしょう。理想は片手ですが、練習すれば難しくありません。こぼすのが不安なら、無理せずとも両手で問題ありません。

「皿からはみ出たままのパスタを渡された」「取り分けた後の大皿が乱雑なまま」「焼肉はゆっくり味わいたいのにどんどん皿に乗せられて、まるでわんこそば状態」。このような取り分け方では、「普段の仕事もツメが甘そうだな」と思われかねません。とても細部まで目配りした仕事をしているようには見えないでしょう。たかが料理の取り分けとはいえ、しっかりと内面を映すものなのです。

「私がやるからいいよ」と気負いなくサーバーを使える人は、仕事もプライベートもエンジョイしている人が多いように思います。

食事をより楽しむ水の活用

●水は、食べる前に飲む！

人間のカラダは大人で約60％、子供で約70％が水分で構成されています。水は生命維持に欠かせませんから、カラダに合う水を飲むことで健康面にも違いが出ることは想像に難くありません。

水資源が豊富な日本では、昔はお金を出して買う人は少なく、飲み水は無料という考えが一般的でした。「水に流す」「瑞々しい（水々しい）」など水が使われている言葉がたくさんあるように、水は私たちの生活の中に自然と溶け込んだ存在でした。

かたや水を買うのが当たり前の西洋では生水は飲みません。ですから、様々な種類のミネラルウォーターを健康と結びつけて利用します。目的を持って水を選び、生活に取り入れるという考えなのでしょう。グローバル化した現代では、日本でもミネラルウォーターを利用するようになったので、ヨーロッパのように飲むタイミングや量、自分との相性などをもっと意識してもいいと思います。

私は15年以上も毎食空腹時には、まず炭酸水、または水を飲むようにしています。カラダの構成要素の過半数を占める水分を摂ることで、過食を防ぐことができるのです。肉や魚を切る前にまな板の細かな傷に血が入り込むのを防ぐために、サッと水で濡らすのと同じだと思います。空腹状態で食事をすると、「わ〜っ、食べ物が入ってきた！」と空っぽの内臓が喜んで吸収しようとするので、まずは**水を入れてワンクッション置いてお腹を鎮める**のです。

また、これには波及効果もあります。空腹時にまず水を飲むことを実践した生徒さんやその旦那様の食べ方が、〝キレイな食べ方〟に変わられました。空腹感がいったん和らぐことで、自然にゆっくり味わって食べるようになるのです。「旦那のガツガツと掻き込むような食べ方が治りました」と嬉しそうにされていました。

●会食は炭酸水がおすすめ

会食では、各料理を食べる前ごとに水を飲むのもおすすめです。料理の味が混ざらなくなるので、最後まで美味しさをしっかり味わいやすくなります。

また、お酒で顔が火照ってきたり、頭が働かなくなると、スムーズに会話できなくなり、気遣いもできにくくなるもの。会食を最後まで楽しむためにも、水はとても重宝します。

できれば、炭酸水がよりおすすめです。炭酸で満腹中枢が刺激され、過食を防ぐとともに脂肪燃焼を高めます。また、二酸化炭素が増えることで血管が一時的に酸欠状態になり、より多くの酸素を送り込もうとして血流がよくなるので、脳がクリアになる効果も期待できるのです。

会食で「飲み物は？」と聞かれて、「炭酸水」や「ミネラルウォーター」と答える人はあまりいません。特に男性では皆無と言っていいでしょう。もし注文する人がいたら、「ちょっと面白そうな人」と興味を持たれると思います。ゆとりを持ってキレイに食事を楽しむためにも、水を活用してはいかがでしょうか。

コミュニケーション能力を鍛えられるホスト

●ホストとホステスの素敵な関係

日本でホストと言うと、ホストクラブを思い浮かべるかもしれませんが、もともとはお客を招待する側の男性を指します（女性の場合はホステス）。私の友人に何度か雑誌に取り上げられたことのある、絵に描いたような〝カッコイイご夫婦〟がいますが、ホームパーティーでは毎回楽しませてくれます。彼らの場合は、料理が苦手だけど会話上手な奥様がホスト役で、旦那様がキッチン担当。先日も大きな塊のローストビーフを焼き、目の前でカッティングしてくださいました。

このように、パーティーではホストとホステスの役割はきっちり分担されています。本来はホストが客を招き入れ、料理の準備ができて全員揃うまで参加者と会話をします。知人の少ない人にほかの参加者を紹介したり、ウェルカムドリンクをすすめたりするのもホストの役目です。前菜を手でつまみながら、場を作ります。

その間、ホステスはキッチンでオーブン料理などの温かい料理を作ります。実情は客が揃うギリギリまでキッチンはてんてこ舞いのことが多いものですが、それを感じさせては招く側としてはNG。エプロンをつけたままお客の前に出るのも舞台裏を見せることになるので、正式にはエチケット違反です。ですから、何事もないかのようにホストが振る舞って参加者を安心させ、そのおかげでホステスは料理に集中できるのです。

●対等な関係でのもてなしの精神

もともとホスト（ホステス）は、ホスピタリティと同じくラテン語の「HOSPES《ホスペス》」という言葉が語源とされています。これは、客人を喜んでもてなす、という意味だそうです。

ホスピタリティは「サービス」を意味すると思われがちですが、思いやりや心あるもてなしの精神が主軸です。サービスは奴隷を意味するラテン語の「SERVUS」という言葉が語源とされるように、もてなしをする側とされる側に上下関係があります。一方、ホスピタリティは招く側と招かれる側は対等な立場で、お互いに心地よくなることが前提とされています。

ホスト（ホステス）以外に、ホテル、ホスピタル、ホスピスも語源は同じとされていますが、すべて癒しの意味を持つ言葉に発展しており、素敵ですね。

●ホストと幹事は別物

日本ではホストと幹事は混同されがちですが、本来は異なります。例えば、**ホストはその会の一番重要な主客を最も大切にし、飽きさせない会話が大切な役目です。**宮中晩餐会など公式のレセプションを例にしてみても、ホストやホステスは寂しい思いをさせないために主賓の隣に座るのが基本です。

一方、幹事の席は下座ですから、主客の隣はまずありません。会の進行に気を配る点は同じですが、時間配分や会計などが最優先になります。

ホストは参加者全員と会話を試みますが、幹事は食事中に末席から離れない人も多いもの。会社の飲み会の幹事になると、食べている時だけが「ひとまずほっとする時間」だったりします。しかし、近年はホストの役割もこなしている幹事に出会うことも増えてきました。そんな会合は、参加者の満足度もおそらく高いはずです。結婚披露宴で新郎新婦のご両親が参加者の席へお酌に回ることがありますが、あれはホストとしての仕事を兼ねてもいるのです。

幹事は仕事上の飲み会でやったことのある人は多いでしょうが、ホストはホームパーティーの機会もないし、恥ずかしくて苦手という人も少なくありません。しかし、それは実にもったいない。**コミュニケーション力を上げるためにも、ホストも幹事もよい機会です。**客人を喜んでもてなす、という語源に沿った気持ちで臨めば、相手の満足度は高くなるはずです。

小倉朋子（おぐら・ともこ）
食の総合コンサルタント。株式会社トータルフード代表取締役。日本箸文化協会代表。亜細亜大学講師。トヨタ自動車、海外留学を経て、現職。幼少期より、両親から食卓を通じて多くのことを学ぶ。世界各国の正式なテーブルマナー、食にまつわる歴史・文化・経済などを総合的に学び、生き方を整える「食輝塾」主宰。テレビやラジオなどメディアにも多数出演し、美しく凛とした食べ方を推進すべく活動している。主な著書に『世界一美しい食べ方のマナー』（高橋書店）、『美しい人は正しい食べ方を知っている』（KADOKAWA）など。
http://totalfood.jp

仕事ができる人ほど大切にしたいこと
「食べ方」を美しく整える

2017年1月5日　初版第1刷発行

著　者　小倉朋子
発行者　小山隆之
発行所　株式会社 実務教育出版
〒163-8671　東京都新宿区新宿 1-1-12
電話　03-3355-1812（編集）　03-3355-1951（販売）
振替　00160-0-78270

印刷／シナノ印刷　　製本／東京美術紙工

ISBN978-4-7889-1134-5　C0030